生 学 癒 活
SEI GAKU YU KATSU

黒木弘明

めでぃあ森

まえがき

私たちは、この世に命を受けて「生まれ」、

様々な体験を咀嚼(そしゃく)することで「学ぶ」ことができます。

自分と向き合い、学びを積み重ねた時、

それは何物にも代え難い「癒やし」となり、

癒やされた命は水を得た魚のように「活躍」し始めます。

このように人間がこの世に生まれて、

唯一無二の存在として活躍・創造してゆく過程を、

私は「生学癒活(せいがくゆかつ)」と名づけました。

どなたであっても、必ず人生の中に

癒やしの種となる「学び」があります。

目次

まえがき ……………………………… 3

Chapter I

全てのものに愛を ……………………… 8
病と戦ってはならない ………………… 9
声にならない声を聴く ………………… 10
「私」の中の３つの声 ………………… 12
失敗したくない ………………………… 14
行ってらっしゃい ……………………… 16
自分の薬 ………………………………… 17
軌道修正 ………………………………… 18
頑張らないを頑張る …………………… 20
今日一日分 ……………………………… 21
親切な人間でいること ………………… 22
新人の皆さんへ ………………………… 24
話を聴くのが基本です ………………… 26
余白と距離感 …………………………… 28
手は離れても …………………………… 30
愛は愛 …………………………………… 32
自分に挨拶を …………………………… 35
まだ希望が残っている ………………… 36
自立って？ ……………………………… 38
前に進もう ……………………………… 41
夜に光る ………………………………… 42
嫌われ役 ………………………………… 44
みんな新入社員 ………………………… 47

なぜ我慢する？ ………………………… 48
嫌いも憎まず …………………………… 50
価値ある挑戦 …………………………… 51
自信がない ……………………………… 52
自分への慈悲 …………………………… 55
笑顔です ………………………………… 56
今を生きる ……………………………… 57
天賦の才能 ……………………………… 58
仕事 ……………………………………… 60
内面探求 ………………………………… 61
人生という友人 ………………………… 62
ありがとう。が指標 …………………… 64
創造という旅 …………………………… 65
好きなものがあるということは ……… 66
嫌いな人が入口 ………………………… 69
信じる愛 ………………………………… 70
もっとも価値あるもの ………………… 72
練習中 …………………………………… 74
まずは自分 ……………………………… 76

Chapter II

愛を受け取るために …………………… 78
病と愛 …………………………………… 82
あらゆる道はいつも開かれている …… 84
休みとは何か？ ………………………… 87
親子という学びの素材 ………………… 88

想いが現実を創るとしたら	90
最も迅速な癒やし	93
どっちが大変？	94
傷を癒やす	95
独りではない	96
今日も誰かの誕生日	100
峠の先で	101
掃除の意味	102
失敗の価値	104
お金から逃げない	105
症状の終わりが始まり	106
クリスマスの感謝	110
イラッと来たら	111
あなたはあなたを飼育している	112
世俗で学ぶ	115
癒やしの目的は	116
過去・今・未来を繋ぐ一筋の光	118
感謝という受容	119
自分の定義	120
ご褒美ではなくて	122
不安というサイン	124

Chapter III

清い細胞	126
問題の人	127
自分研究	128
毎夜の「ありがとう」	130
フィニッシュはスタートに繋がるから	132
弱さという個性	134
自分への投資	137
金継ぎ	138
ストレス処理	140
自分の中の「愛」を守る	142
紙一重	144
人生を味わう	147
自分と向き合い始める	148
表現しよう	150
私にとっての「社会適応」	151
親切を受け取る	152
将来への自己投資	153
最短距離は勧めない	154
ずっと心と一緒だから	155
自分を愛すること	156
親：勉強しておきなさい！	158
休み上手	160
やりたいことを、チカラいっぱい！	161
自己嫌悪より	162
華奢な自分に嫌気がさす？	165
一番大切なこと	166
心の大掃除	168
自分で人生を創るために	172

弱さは強さの前触れ ……………… 173
あなたがいる世界を素敵に ………… 174
成長 ……………………………… 178
仕事と家族のために ……………… 179
大切な欲求 ………………………… 180
出逢いの意味 ……………………… 181
ありがとう中毒と依存症 …………… 182
心のカサカサは音楽で ……………… 185
自分の中の勤労者たちへ …………… 186
今日を見る ………………………… 187
喜楽と怒哀 ………………………… 188
試練は心の栄養 …………………… 192
自分大好き ………………………… 194
愛と遊ぶ …………………………… 196
治療と健康管理 …………………… 198
多様多彩な美しさ ………………… 200

あとがき ……………………………… 202

Chapter I

全てのものに愛を

多くの人にとって、易々と「癒やし」が訪れない場合があります。

なぜなら、癒やしの種である「学び」が十分に育まれていないからです。

学びとは愛です。愛とは万能薬です。

今、あなたが何かから学ぶことは、

あなたが愛を受け取ることであり、

あなたが愛を与えることであり、

そしてあなたの周りに「愛の循環」を創ることに繋がります。

どんな状況からでも、どんな人からでも、

全てのものに宿る「愛」を探しにゆきましょう。

病と戦ってはならない

今の自分が望まないこと、病気やトラブル、

悩みやストレス・葛藤など、思い通りにならないこと全般を、

私は『病』と呼びます。

もちろん、専門的な対処が必要な場合もあります。

しかし、その病もまた『学びの種』です。

病は『学びの種』を運ぶために、

今あなたの元に訪れている可能性もあります。

ですから私は、思い通りにならない病を駆除する、

邪魔者を取り除く、病と戦う、という姿勢ではなく

「病の声」を閑(しず)かに聴くことのお手伝いをします。

あなたが病から何かを学べば、病はその使命を果たし、

新しい未来へとバトンタッチしてゆきます。

声にならない声を聴く

私は、声を聴くことを信条にしています。

しかも、できるだけ「声にならない声」に耳を傾けています。

例えば、私の好きな観葉植物やテディベア。

彼らは言葉を発しませんが、

間違いなく「声にならない声」を持っています。

その声を聴くことで、必ず疎通が生まれます。

疎通が生まれると、やっぱり可愛い。気持ちや思い入れ、

情や涙、感謝や助け合い、愛のかけらが次々に生まれてきます。

人間も同じです。

幼い子どもは、親には絶対言わない声を小さな体の中に秘めています。

大人になっても同じで、本音と建前の狭間で言葉を選びながら、

やっぱり「声にならない声」を肚の中に溜めています。

あまりにも溜め込むと、

もはや自分でも聞こえない声になってしまいます。

そんな「声にならない声」が誰かの心に届けば良いのですが、

逆に行き場を失ってしまった声が、

人間の体や心にどんな影響を与えるのか？

そして家庭や学級、職場や地域にどんな影響を与えるか？は、

もう既に科学が証明し始めている通りですし、

実際の社会がそれを表しています。

そんな「声にならない声」の向こうにある心、

心を包む命、命ある人生、全てが贈り物です。

まずは「声にならない声」を探し、そこから学び、

そして癒やされることで、その人が活躍する道筋をつけていく。

あなたの「声にならない声」を探しに行きましょう。

その向こうであなたを待っている、愛と豊かさに逢いに行きましょう。

「私」の中の3つの声

　一介の医師として、私が心配していることがあります。
　それは「手間暇をかけて毎日の自分を育てる」という
　自分に対する大切な愛情表現を、
　忙しい現代人がいつしか忘れてしまっていることです。
　忘れているどころか、知らない、
　もしくは、分からないのかもしれません。
　学校でも、家でも、会社でも教わらないからです。
　その結果として、現代社会の誰もが
　心身のいろんな不具合や不満を抱えているのが当たり前、
　そんな世の中になってしまいました。
　ズバリ、自分との対話、自分のお世話が
　足りていないのが現代人の特徴です。
　自分と向き合うには、まず自分の「声」を聴くことが不可欠です。

　どんな対話も同じですが、
　相手の言い分を聴こうとしなければ成立しません。
　自分の中の対話では、自分の声に耳を傾ける必要があります。
　逆に、現代人は自分以外の人の声に、とても敏感になって

自分の中の声には、鈍感になってきている傾向を感じます。

またそのことで、逆に心身の不調がひどくなったり、

私生活や仕事がうまくいかなかったりする方が、本当に多いと感じます。

自分の中にあるいくつかの声については

私は、以下の３つに分けて説明しています。

頭の声……感情

体の声……心身の症状

肚(はら)の声……心の声

それぞれの声をきちんと聞き分けられないと

自分を生きることが難しくなってしまいます。

そんな面倒なことをしないとバランスを取っていけないのが人間です。

これらは、自分を生きていくための基本動作なのです。

生きるということの面倒臭さと、それにまつわる基本動作を

誰も教えてくれない社会なのですから

生きにくさを感じる人が多いのは、当たり前かもしれません。

失敗したくない

自分の行動・思想・言動などの選択が

自分の人生を創り換えるのだ、ということを

心の底から信じて頂かねばなりません。

自分は社会の被害者ではなく、

自分を創造する唯一のクリエイターです。

自分は希望である、ということ。

希望の種は自分であるということ。

大半の苦しみや悩み、怖れの元が

これを信じられないことにあります。

自分という希望、自分の中にある希望、

希望として存在する自分。

人生とは、全てを思い通りにするのではなく

困難の中で自分を知り、自分を信じ、

希望を実現する体験の集積であるということを
受け容れることが大切です。

人生において確約されていることは、
私たちが生きているのは自分であり、今であるということ。
今の自分の選択が自分を創っているということ。
それを体験するのが人生であるということ。

ですから、失敗したくない、という怖れ自体が
人生の定義から、はみ出しています。
人生の定義からはみ出しているからこそ
怖れが生まれるのです。

怖れている時、失敗したくないと思う時、
それは自分の人生からはみ出しかかっている時です。
それと同時に、自分の人生を取り戻すべき時でもあります。

行ってらっしゃい

さぁ来い！人生！

私はもう、ひるまない！

今日の自分を生きてやるぞ！

今日という日から学んでやるぞ！

で、ヒントはどこにあるのかしら？

そんな感じで、今日も行ってらっしゃい！

自 分 の 薬

自分の心身のお世話なんて面倒臭い、

と思うかもしれませんが、それは贅沢病です。

この時代、少し調べればたくさんの情報が届きます。

薬があなたを治すのではなく、

あなたの行動（決意）が、あなたを治すのです。

甘えてはいけません。自分の行動こそが自分の薬です。

あなた自身の行動と覚悟が

あなたに対する最良の愛です。

最良の妙薬です。

大切なのは、因果関係に固執することではなく、

自分のために、自分がどう行動するか？

ということです。

軌 道 修 正

向上心から、こんな私ではダメだ！と
自分を叱咤激励するお気持ちは分かりますが、
焦って、ドサクサに紛れて、
ご自分を否定しないように願います。

表現は大切です。
特に表現の中の細かいニュアンス、
ディテールは、とっても大切です。

「こんな私ではダメだ！」という言葉には
幾分、自己否定の要素が混じっているので、
それに代わる言葉、表現を探しましょう。

例えばこんなのはどうですか？
軌道修正。

「ああ、今の自分はイマイチだな。
だから一部修正したいな。

私次第で、もっと自然な自分になれるはず。
だから、軌道修正しよう！」

気に食わない部分や、思い通りにならないものを、
やたらと排除したり、駆逐するのではなく、
良い部分は残して、置き換えていく、入れ替えていく、選択し直す、
視点を換える、行動を換える、発言を換える。
変えるじゃなくて、換える。
相手を変えるのではなく、自分の中の引っかかりを置き換える、
という感じです。

換えることで、自分と周囲が少しずつ変化すると思います。
嫌な出来事、嫌な気分に惑わされて、
ヤケや短気を起こしてはいけません。

最も肝心なことは、少しずつ換え続けることで、
自分の納得する自分になれる、ということを
自分で信じることです。信じ抜くことです。

頑張らないを頑張る

毎日頑張らなければ、命や時間を無駄にすることになる。

そう思って、頑張り続けるが余りに、

疲弊してしまう人も中にはいます。

そういう人は、

「頑張らないということを頑張る」

「一生懸命に休む」

という課題に是非挑戦してみて下さい。

毎日晴れの日ばかりですか？

一年中雪は降っていますか？

嵐もあれば大雨も降ります。

それと同じで、

いつも元気ハツラツを目指さなくても良いのです。

本当に頑張りたいのであれば

頑張らない時間をしっかり創らないと。

余白のないキャンパスには新しい絵は描けませんよ。

今日一日分

今まで私は、何と無駄足を踏んだことか…
あぁ将来が不安だ…心配だ…
といっても、私たちは結局、
今日一日を経験することしかできません。

人間は、そんなに器用ではありません。
自分の今日一日分のことしか背負えません。

ですから、あれやこれやと手を出さずに、
堅実に『自分の今日』を大切にしましょう。

過去のこと…先々のこと…他人のこと…
そんなことまで考えていると
今日一日分の元気がなくなってしまいます。

まずは今日の自分が、愛を携えた親切な人間で在るように、
ゆっくり集中しましょう。
その積み重ねで十分ですよ。

親切な人間でいること

親切な人間でいること。

一見、地味に見えるのですが、

これは生涯をかけて到達を目指すには、十分な目標です。

自分や他者に対して、

人間や人間以外の生命に対して、

誰かが見ている時も見ていない時も、

親切な人間でいること。

笑顔と感謝と勇気が、

その目標に向かう者を導いてくれます。

何かを成し遂げた、成し遂げない、

そんなことは、あまり大したことではありません。

200年もすれば、みんな忘れてます。

自分が死んだ後も、誰かの記憶に残ろうなんて

そんなこと、しなくて良いのですよ。

有名人にならなくても、

ヒーロー、ヒロインでなくても、

あなたが親切な人間で在ろうとすれば

それが最も尊い人生の業績ですから。

だから、笑顔でいて下さい。

だから、感謝を忘れないで下さい。

それが地球のためになりますから。

新人の皆さんへ

「一体何度言えば分かるの？」
「何回言っても分からないな！」
そう言われないように、職場の新人さんが頑張る。

周りの批判や、暗黙の目線に負けず、
コツを掴むまで、できるようになるまで、
何度でもトライしていけば良いんですよ。

目立った活躍はすぐにできなくても、
努力している姿は、恥ずかしくなんかありません。
むしろ、できたふりをしたり、知ったかぶりをしたり、
できないまま放り出す方が、恥ずかしいのです。

楽しくなるまで、コツを掴むまで、
流れに乗るまで、粘れるかどうかが勝負どころです。

今ベストを尽くさず、投げ出してしまったら、
あとの人生が必ず厄介になります。

今できること、今学べることは、

今やってしまった方が、実は近道です。

だから、

かっこ悪くても良いのです。

粘った人の勝ちです。

話 を 聴 く の が 基 本 で す

体の症状じゃなくて、それは体の声です。

降って湧いたトラブルじゃなくて、

それは人生からの助言です。

いずれも「何かが違うよ」と、

あなたの体、もしくは、あなたの人生から指摘されているのです。

ですから、まずゆっくり落ち着いて話を聴きましょう。

まずは、自分の外側じゃなくて

内側から出てくる話を聴きましょう。

自分の内側から湧き上がる話を聞いて、

自分をケアして、自分をアップグレードさせましょう。

生きやすくなるのは、その後です。

自分との対話、自分の心身のケア、

それに自分のアップグレード作業が

生き続けるためには、不可欠なのです。

しかし、何度失敗しても落ち込まないで下さい。

自分を責めないで下さい。

人生は受験でも就活でもないので、

一発合格なんか、目指さなくて良いんです。

　失敗を繰り返しても、命は続きますから。

みんな、何度も何度も失敗しながら

自分との付き合いの加減や、塩梅(あんばい)を覚えるんですよ。

古傷をさすりながら、自分の体の声を聴き、

ズッコケながら、人生が与えてくれる助言を聴き直す。

その繰り返しで良いんです。

余 白 と 距 離 感

（お仕事などが）たくさんあること、

（大切な人と）一緒にいること、

どちらも大変ありがたいことですよね。

でも、そのありがたさを維持するのは、

「余白」や「距離感」かもしれませんね。

満ち足りていることに感謝し続けるには

欠けていることも必要なのです。

光には闇が必要なのです。

自分には他人が必要なのです。

正直になるには、嘘つきの経験が要ります。

素直になる前には、拗ねる時代があります。

人に助けてもらうから、人を助けることができるようになります。

なんでも満ち足りていることを目指すより、

いつも何も問題がないことを望むより、

余白や、距離感を活用しながら

感謝と幸せを維持するのも、

人生を生きるコツです。

チョットした発想の工夫、

僅かなさじ加減で、人生はドンドン豊かになります。

手 は 離 れ て も

お子さんが大きくなって、少しずつ手が離れていきますが、
油断は禁物ですよ。

「手は離れても目は離さない」

もう小学生だから、中学生だから、社会人だから
これくらいのことはできるだろう、もう大丈夫だろう、
そう思うのは親の憶測であり、希望的観測です。

勝手に決めつけてはいけません。
しっかり、子ども(相手)を見ておかねばなりません。
子ども(相手)の中の真実を知ろうとする努力は
いつの時代も欠かせません。

一緒に長く暮らした親子だからといって、
お互いに理解し合えているはず、
と思うのは油断であり、一種の甘えです。

これは親子に限りません。

自分に対しても同じことです。

例えば、しばらくの間、あなたを困らせていた
煩わしい症状や課題がなくなったからといって、
「もう治った！　何もしなくても良いのだ！」
と思うのは、大きな油断です。

子ども同様、自分から目を離すと、
症状や課題・問題はほどなく再燃しますからね。

症状が軽くなっても、自分に対するケアは勝手にやめてはいけません。
むしろ、今まで以上に慎重にケアをして下さい。

つまり、お子さんに対しても、自分に対しても、
「手は離れても目は離さない」

どうぞ宜しくお願いします。

愛 は 愛

私たちはつい、身に起きた幸せと不幸を
足し引きしてしまいます。
不幸が幸せより勝ると、自分は不幸だと感じます。

仮に今、あなたが不幸を感じているとしましょう。
しかし、そのことであなたがこれまでに受けた幸せが
消滅するということはありません。

あなたの今の気分が、不幸な方に傾いているというだけで
あなたが愛によって守られ、今日まで生きてきた、
という事実は不変です。

生まれてきたばかりの人間は、自分では何もできません。
寝返りを打つことも、食事を摂ることも、
オムツを交換することさえも自分ではできません。
誰かがしてくれたのです。
文字を読むことも、言葉を覚えることも一人ではできません。
誰かが教えてくれたのです。

あなたは自分の洋服を全て

自分でデザインし縫製していますか？

あなたは自分の食物を全て自分で生産していますか？

あなたは電気や電波を全て自分で賄っていますか？

必ず、誰かのお世話になっているはずです。

誰かのお世話になっている。

それが愛され、守られているということです。

あなたが愛され、守られているという事実が

不幸に思える出来事や感情によって

消滅するということはあり得ません。

不幸と幸せ。

両者は別勘定です。一緒くたにしてはいけません。

万が一、今日あなたが不幸を感じたとしても

それは、あなたが受けてきた愛に

感謝してはならないという理由にはなりません。

今日を生きているということは、愛されてきたということです。

愛は愛。どこへも行きません。

ただ、私たちが戸惑い、愛を見失いかけるだけのことです。

笑顔と感謝を続けることで

あなたが愛に彷徨(さまよ)うのを防いでくれます。

道端に咲く花々さえも

悩めるあなたを見守ってくれているのです。

自分に挨拶を

おはようございます！
と、今日の自分と、今日の人生に対しても
丁寧に挨拶をするのを忘れずにおきましょうね。
例えば、こんな感じです。

「あ！　今日も生きて目が覚めたぞ！
やった！　今日もチャンスが巡って来た！
今日の一日の中に素敵なことを見つけるチャンス、
笑顔と感謝を創るチャンスがやって来た！
私の人生よ、私にチャンスを与えてくれてありがとう。
私よ、チャンスを受け取ってくれてありがとう」

挨拶も、感謝も、ただの儀礼で終わらすのは勿体ないです。
自分に向けて愛を贈る作業にしましょう。

まだ希望が残っている

本当に辛い時は
本もブログも読めないし、ラジオも聴けない。
人に心の内を話すことさえもできないし
運動をしたり、治療に行ったり
自分を客観視するなんて
遥か彼方の幻のようでしょう。

誰も望んで、そうなる訳ではありませんが
そういう時間が何の予告もなく、
人生に訪れることがあります。

まさに暗闇のトンネルの中、
絶望の淵にいるような感触でしょう。

しかし、こうやって本を読んでいる人は
まだ人生に絶望していない人です。

まだ人間と人生を信頼している人です。

心の奥底の無意識であっても
まだ人生には希望が残っていることを
知っていて、それを信じている人だと
私は思います。

あなたの心が
希望を感じているのですから
大丈夫です。
焦らずに参りましょう。

自立って？

自立とは何でしょう？
今日の時点で私の考える自立の定義はこれです。

「自分の真実を肯定すること」

つまり、自分の弱さを知り、
それを素直に認め、受け容れることです。

逆に「自分は弱くないんだ！」と
言い張っている人は、弱さを隠すために
何かに頼っているのでしょう。

富、権限、地位、比較対象の中での優越感……
そんなものに頼って自分をごまかしている人が
なぜ自立していると言えるのでしょうか？
しかし、人生は時として残酷です。
自立していない人に限って
自分でそのことに気づかないものです。

その人には、いずれ何かの機会に
自立をするチャンスがやって来るのでしょう。

同じく何かに頼っている人でも
次のような人は、また違います。

「私は弱いので、〜の部分において手助けが必要なのです」
こういう人は、案外自立している人だと思います。

つまり、私の考える自立とは
何にも頼らず自分で立つ、ということではなく
何かに頼らざるを得ない自分を受け容れた上で
自分で歩み始める、という意味です。

今の自分がどこに立脚しているのか？
今の自分の弱さは何か？

それを知ることが、どうして辛いことなのでしょう？

自分の真実です。それを知っても誰も怒りません。

弱いことは、悪いことではありません。

むしろ、それを認め、受け容れた後から

人生の輝きが増すのですから

何も怯えることはありません。

ナビゲーション・システムと同じです。

目的地の入力だけではなく

現在地が把握されていなければ、作動しません。

自立。

それは目的地（夢）を目指すための

自分の現在地を肯定し、把握するという

重要な作業を指すものだと私は思います。

前に進もう

なぜそうなった？よりも

今からどうするか？が大事。

夜 に 光 る

あなたのストレス、あなたの課題。

あまりにも辛いので掻き消したくなるのは分かります。

あなたの抱える問題が、あなたを苦しめるので

憎みたくなるのは分かります。

しかし、あなたが心の輝きを得るまで

どんなにストレスとその原因を憎んでも、隠しても

あなたの本質の在り方が進展するまで事態は１ミリも変わりません。

むしろ、

ストレスを憎めば憎むほど、苦しくなるのです。

あなたがストレスを憎むように仕向けるのが

ストレスの巧妙な罠ですが、これは一種のテストでもあります。

あなたがストレスの罠に惑わされず自分自身を見つめ、

向き合いながら

本当に自分を愛ある方角に持っていくために

何らかの行動を起こそうしているのか？

それとも、
あなたがストレスがあることを理由にして
自分こそがストレスの被害者である、などと言って
自分を見つめることもせず、ごまかすだけなのか？

どっちの方角にあなたが行くのか？
あなた自身が、あなたを試しているのです。

暗闇を怖れなくても良いのです。
その中でこそ得られる光があるのです。
その光は、あなたから発する確かな輝きです。

あなたはまだ、
自分の真の輝きをご存知ないかもしれない。

暗闇があなたに訪れる時とは
あなたが自分の輝きを真に見ることになるチャンスです。
幸せの前触れです。

嫌われ役

大体、どこの世界にも、どこの地域にも
「生来の嫌われ役」という人がいます。

話し方、身振り手振り、考え方や感じ方、あるいは声の調子まで、
何から何まであなたや周囲の人が好きになれない人。
で、実際に意地悪なひと。

この人は性格が捻れているというよりも
生まれながらの嫌われ役という宿命・務めを
果たしている人だと思います。

いつもみんなに嫌われながら
周りの人に学びを提供する宿命の憎まれ役。
憎まれっ子世にはばかる。

ですから、その人を修正することは
ほぼ不可能に等しいし、あまり意味のないこと。
それよりも、この嫌われ役があなたにもたらす

「本当に大切な収穫」を探すことの方が有益です。

嫌われ役の人は、嫌な役目を果たしながら
あなたに収穫をもたらそうとしてくれています。

収穫を得るために人の手を借りる必要もあるでしょう。
道のりは人それぞれです。

ですが、「大切な収穫」に出逢うための
道のりを少し縮めるための工夫があります。それは

笑顔です。

笑顔によって、心が少しだけ落ち着き
大切な収穫に気づきやすくなります。
周囲の助けも得られやすくなります。

そして、ようやく「大切な収穫」に気づいた時

胸の重みが軽くなった実感と共に

湧き上がる感触があります。それが

感謝です。

ここがひとまずのゴールです。

辛いことがあなたに降り注いだ意味。

それを見出した時、あなたの心の底から

感謝、ありがとう、が湧き上がります。

ですから、心が苦しい時は

深呼吸して、先々のことを考えるのはやめて、

まず、笑顔になってみましょう。

嘘だと思って、まずやってみて下さい。

そして、しばらく続けて下さい。

みんな新入社員

あなたも今日という一日の初心者。

つまり、新入社員なのですよ。

今日という日は

昨日までの人生と同じとは限りません。

今までの人生と同じようにいかないからといって

イジけている場合ではありません。

あなたの身の回りの人が

昨日までと違う反応を示したからといって

何も不思議なことではありません。

あなたの体調が今日、突然変化した!

だからといって驚くことはありません。

今日が初日です。

いつだって初日です。

そして千秋楽です。

なぜ我慢する？

我慢することは、誰しも日々多いと思いますが
自分がなぜ我慢しているのか？
自分で分かったうえで我慢してますか？

逆を言うと、
なんだかよく分からないけど我慢している状態。
これは、我慢している、ではなく、
我慢させられている、です。

あなたが我慢しているのであれば
なぜ我慢しているのか？について、
しっかり自分でコミットメント（納得と決意）を
していなければ、させられている我慢は心身を蝕むだけです。

我慢するのが、常識的で美徳っぽいから……
我慢した方が何かと良いと聞いたから……
事を荒立てたくないから……

そんな曖昧な、消極的理由では
心身が困憊(こんぱい)するばかりです。

自分なりの理由がない我慢は、
自分への嘘みたいなもので
嘘は良い結果を産みません。

希望も、目的も、主体性もない我慢は
あなたを苦しめ、あなたを犠牲者にしてしまいます。

無理にさせられる我慢はやめて
したくない我慢はやめて、したい我慢をする。

目的のある我慢には希望がある、
希望があれば未来がある。

我慢にも希望を与えましょう。
その時、我慢は忍耐という名前に昇華します。

嫌いも憎まず

嫌いなものは嫌いで良いです。

それがあなたの感性だから

あなたの個性だから変えなくて良いです。

自分を尊重して下さい。

ですが、嫌いなものを憎むのはダメです。

憎めば、あなたの心身に害が及びます。

自分の嫌いなものを憎んで、

その結果、自分が被害を被る、

こんな損な話はありませんから。

嫌いなものは嫌いレベルに留めて、

憎しみレベルに持っていかない。

これが重要です。

価値ある挑戦

もしもあなたが少しでも
今までとは違う新しい世界を覗いてみたい……
今までとは違う新しい自分に出逢いたい……
と思うのであれば、その時は
自分を変えると良いでしょう。

愚痴を言っても、悪口を言っても
憎んでも恨んでも、世界は変わりませんが、
あなたが意識して変われば、世界がそれに合わせます。

ですから、あなたにその気があれば、
自己変容に挑戦してみるのも良いでしょう。
言うほど簡単ではありませんが、
十分価値のあるチャレンジです。

自信がない

自信がない……

だからどうしたのかな？

そもそも自分一人で、人生の全てを

自在に操れる訳がないのは知ってるね？

そんな幻想を描くよりも

自分の人生が自分を正しく導いてくれると

心から信頼することの方が現実的だよ。

自分一人を信じるのではなくて

自分の人生を信頼することが大切だよ。

自立は大切なことだけど

独りで何も頼らずに生きることとは違うよ。

あなた一人の力は、限られているけれど

あなたの人生の及ぼす影響力は、遥かに大きい。

あなたの人生が毎日、

あなたに手を差し伸べている。

自分の人生を信頼していなければ

あなたはその手に気づかないだけではなく、

その手を振り払ってしまうだろう。

弱いことは悪いことではないし、

自信がないことが弱いことでもないよ。

何も心配することではないんだよ。

弱いからこそ人生を信じ、頼り、

助けてもらうからこそ感謝を覚える。

強いだけでは意味がないし、

親切な笑顔と感謝がなければ意味がない。

自信がなくて時間を浪費した……なんて言わないで

自分の人生が自分を導くのをじっくりと待っている、

と言ってほしいな。

今日もあなたの人生が
あなたに何を話しかけているのか？
耳を澄まして、目を凝らして
心を開いて、掴み取ろうとしてほしい。

まずは自分の人生を信じてみよう。
そして、心で自分にこう言ってあげよう。

「大丈夫。私は必ず乗り越える」

自分への慈悲

何で私はこんな馬鹿馬鹿しい人間をやってるんだろ？
そう虚しくなる時が誰しもあります。

しかし、だからこそ
その弱い自分という人間を大切に育ててあげねば。
あなた自身の手で、
守ってあげねば
愛してあげねば。

悲しい性(さが)を持つ人間の自分、
そんな私を世話してあげること。

それが慈悲だと思うのです。

笑顔です

良いことがあるから笑顔になる。

良いことがないと笑顔にならない。

ではなくて、

笑顔あるところに

良いことや豊かさがやってくるものです。

誰にも会っていない時のあなたの顔、

誰にも聞こえないあなたの心の中の声、

それがあなたの人生を創ります。

笑顔でいましょう、生きている感謝を込めて。

笑顔と感謝、

究極的には、このふたつで十分です。

今を生きる

明日のことや、昨日までのこと、
他人のことまで心配することを前提に
人間は創られていない。
そんな容量はない設計になっている。

今と、今を生きる自分を信頼し、
それに集中し、親切に生きることに
最適な形で人間は設計されている。
あれこれ手を出して無理をしてはいけない。

天賦の才能

全ての人に豊かな才能が与えられています。

しかし、

何の才能が与えられているのか？ については、

すぐには分からない仕組みになっています。

自分に与えられている才能・才覚、

それを探すのが自分の責任です。

好きこそ物の上手なれ、

という言葉がありますが、私の感触では

好きなものを通した出逢いや葛藤の中で、

その人の才能が発掘されるように思います。

自分が好きなことをやり通していくには

覚悟と決意が不可欠です。

迷いも出るでしょうし、葛藤などは当たり前。

その中で、自分が試され、研磨され

やがて自分が露わになり、

その結果として才能に辿り着いた、という方が多いようです。

あなた自身が、何かの天才かもしれないし、

天才を探す天才かもしれないし、

人知れず、誰かの役に立つ天才かもしれない。

才能とは、実に様々なのです。

天賦の才能をお持ちの無名の巨人はあちらこちらにたくさんいます。

その人たちは一生懸命に生きた結果として、

自分の道筋を見つけ

これこそが自分の道だ！と覚悟し、

基本的には愉快に過ごし、

たとえ、摩擦や葛藤があっても

乗り越えられると信じて疑わず対峙しながら

人に親切な態度で暮らしています。

仕 事

私は「仕事」のことを
「自分に与えられた才能に仕える事」
だと解釈しています。

つまり、最大の仕事は
自分という資源を愉快に使い切ること、
自分を全うすること、
だと考えています。

内面探求

嫌いなもの、嫌なものを辿っていくと
傷ついた自分に出逢う。

傷ついた自分を辿っていくと
強く求めていた願望が見えてくる。

傷ついた自分の中を探求しなければ
あなたは傷ついたまま
それではとてもじゃないが、前進できない。

自分を探求し、自分を学び、
そして自分を癒やすことによって
過去の自分から卒業する。

そして希望の扉の前に立ち、
新しい自分に再び入学していく。
それが心の春なのです。

人生という友人

私たち人間には、
自分の将来を細かに予知する力がないので
過去と現状から判断して、この先の自分の人生を
不安がり、心配し、焦ってしまいます。

しかし、それは
「人生が自分を豊かに導いてくれるのだろうか?」
と疑っているのと、全く同じことです。

人生は友人です。
信頼もされず、疑われるような友人との
関係がうまくいく訳はありません。

人生を豊かにするには
まず、人生という最大の友人を
信頼することから始まると思います。

人生への信頼を示すには
『感謝と笑顔』が最適です。

まずは、口角を上げて
笑顔を創ってみましょう。
そして「ありがとう」と言ってみましょう。

次の瞬間、何かが変わるかもしれません。
いえ、何かが変わるまでやり続けましょう。

ありがとう。が指標

ありがとう。という気持ちと言葉が
自然と溢れるのであれば
あなたは健全です。

ありがとう。があなたの中から
なかなか出てこないのであれば
あなたは傷んでいます。

もしも、あなたが傷んでいた場合に
あなたを治す方法も、意外と簡便です。

ありがとう。
という言葉を出すのです。
口から出しても良いし、文字に書いて出しても良いのです。
嘘のない心で想いを込めれば良いのです。

私たちには、そんな簡便な方法で
自分を知り、自分を再創造できるチャンスがあるのです。

創造という旅

人間が宇宙の全てを知らないのと同じように、
あなたという存在も宇宙の一部なのですから、
自分であっても、そう易々と自分自身を
知り尽くせるものではないのです。

毎日が自分を知り続ける旅です。
その中で、自分をどのように表現するか、
自分をどのように創り換えるか、あなたが選択をし続ける旅。
それがあなたの人生です。

与えられた機会の上にあなたの選択を塗り重ねていって
あなたの人生ができ上がります。

どうぞ素敵な創造を楽しんで下さい。
そんなに心配しないで下さい。

心配より信頼を。
戦略より感謝を。

好きなものがあるということは

あなたの好きなものがある、ということは
好きなものが存在する世界に
あなたが生まれてきた、ということ。

世界が、あなたの好きなものを用意して
あなたが生まれてくるのを待っていた、ということです。

あなたが生まれてから
自分の人生を全うするまでの間に
必ず苦しくなることを予見して、
あなたの心の支えとなるものを
この世界は用意してくれていたのです。

もしあなたが愛されていなかったら
あなたが好きになれるものが何一つない
無味乾燥した世界の中に、ポツンと
あなたは生まれていたかもしれません。

あなたにも好きなものがありますよね？
もう、それだけで十分な証拠です。

あなたは生まれる前から
ずっと、あなたの人生に愛されています。

必ずしも、あなたが望む「人」が
あなたの望むような「形」で
あなたを愛してくれるとは限りません。

必ずしも、あなたの望むようなことが
出揃うことばかりが愛とは限らないのです。

しかし、愛は人間の予想を
遥かに上回るものです。
思い通りにならないからといって
愛ではない、と思うのはまだ早過ぎます。

誰しも愛されています。

どんな場面にも愛は存在しています。

それを信じるのと信じないのとでは

生きる世界が全く異なるのです。

あとはあなたの選択です。

嫌いな人が入口

あなたの大嫌いな人がいるとしましょう。
もしくは、苦手な人がいるとしましょう。

その人は、あなたが自分をケアする入口です。
その人を嫌いな理由、あるいは苦手な理由があるはずです。

そこが、あなたの傷ついている場所です。
もしくは、怖れている場所です。
つまり、愛と離れている場所です。
そこは入念にケアしてあげる必要がある場所です。
意外と、自分でも気づかない場所です。

つまり、あなたの嫌いない人、苦手な人は
嫌われ役を買って出て、
あなたが愛と遠ざかっている部分を
示してくれる人です。

信 じ る 愛

　　生きとし生けるものが

　　互いに助け合い、支え合わなければ

　　命を豊かに全うすることは、難しいでしょう。

　　私たちの周りには

　　たくさんの愛と助力が拡がっています。

　　目を凝らして、呼吸を落ち着けて

　　よく見て、よく感じて下さい。

　　太陽の陽射し、陽だまり

　　風の音、鳥の声、雨だれと風雪

　　食べ物や衣類、雨風しのげる家屋

　　文学や音楽、美術や芸術

　　全てがあなたを助けてくれる愛です。

　　しかし、僅かでもあなたが疲れてしまうと

　　愛を感じる心が萎えてしまいます。

辛い時こそ
信じる心が試され、鍛えられます。

人生が自分を守ってくれる
人生が自分を愛してくれている

ということを信じる心を育てるためには
この不安定な地球の世界は
ある意味では最適な環境なのかもしれません。

苦しいことがある時
思うようにならないことがある時

人生があなたを責めているのではありません。
あなたに信じる心を促しているのです。

もっとも価値あるもの

あなたの持ち物の中で
最も価値のあるもの
最も豊かなものは何ですか？

貯金やお金ですか？　骨董品ですか？
それとも、成功体験や力量ですか？
はたまた、家族や仲間たちですか？

もちろん、模範回答はありませんし
あなたの回答が何であっても良いのですが、
興味深いことがあります。

それはあなたの回答を突き詰めていくと
必ず「あなた」に辿り着くということです。

あなたがいなければ

お金は何の用もなし得ませんし、

あなたの全ての体験もあなたなしには

存在しません。

つまり、あなた自身が

最も価値あるもの、最も豊かなもの

ということです。

よって、自分を愛し、自分を育て

豊かさの中に在ろうとすることは

最も価値ある行いだと言えます。

練習中

私たちは

毎日幸せになる練習をしています。

毎日豊かになるための練習中です。

幸せになるための練習ですから、

今が完全な幸せに到達していなくても

全く問題ないのです。

何歳からでも遅くはないので

幸せになるための練習をしましょう。

助けを求めるだけではなく

自分が幸せになるための練習をしましょう。

理論、知識、理解ではないのです。

自ら練習することが大切です。

この練習によって、

自分の心身を駆使しながら

幸せを感じる心を養い、育むのです。

幸せになる練習をしている限りは

必ず幸せになるでしょう。

たとえ今日が不幸だとしても、

練習をしている人は

必ず幸せになる!という自信が湧きます。

それを希望と呼びます。

まずは自分

たった一輪の自分という花を
咲かせることこそ美しいのです。

社会を美しいものにするには
各自が地に足をつけ
凛として咲いてゆかねば。

他人のことを、とやかく言う暇はありません。
まずは自分。
いつも自分。

自分という存在が持つ
微細であってもただならぬ影響力に
各自が責任を持たねば
豊かな未来は創れないでしょう。

まずは自分。だから自分。
そう私です。

Chapter II

愛 を 受 け 取 る た め に

自分と向き合うこと
自分との対話、すなわち内省（内観）です。

なぜそんな辛気臭い作業が大切なのでしょうか？
結論を先に申します。
内省（内観、自己との対話）を怠ると
愛を受け取ることができなくなるからです。

内省をしていない人、内省を知らない人は
残念ながら、徐々に心が歪んでいきます。

日々の生活の中で、知らないうちに溜まっている
未消化・未処理の感情（怖れ・怒り）が、
内省されないまま放置されることによって
生モノと同じように腐っていくので、
心の状態が悪化していきます、心が歪んでいきます。

そうなると、いくら身の回りに愛があったとしても、

心が歪んでしまっているので

それを愛だと認識することができず

受け取ることができません。

愛を受け取ることができない状態が続くと

人間は、誤作動がひどくなります。

誰が私をこんな目に遭わせたのか？

原因は誰か？　誰が私の敵なのか？

そんなことばかりを考えたり

もしくは「今という時間」に集中できず

過ぎ去った過去と、起きてもいない未来のこと

に空想・逃避して、心のエネルギーを消耗します。

そんなことを繰り返していると

疑心暗鬼に陥ったり、攻撃的になったり

人間不信、自己嫌悪となり

不要なトラブルを作ってしまったり

不要な病を生み出してしまったりします。

様々な事情があるとはいえ、内省をせず

自分で自分を邪険に扱った結果、

自分が苦しくなってしまうのです。

人間は独りでは完結できないので、

様々な人の助けや愛が必要です。

しかし他人からの愛だけでは完結できないのです。

自分でしか守れない自分がいます。

自分でしか愛せない自分もいます。

仮に、誰かに助けてもらうにしても

心が歪んでいては、それを愛だと認識できず

受け取ることができません。

自分にとってストレスは何だろう？

どんなことで自分は苦しいのだろう？

自分の中の引っかかりは何だろう？

自分にとって嫌なこと・避けたいことは何だろう？

なぜあの人が嫌いなのだろうか？

その中に、あなたの未消化・未整理の感情が

混じっていることが多いのです。

そんな些細な気持ちと向き合うこと

それが内省です。それが自助です。

難しければ、他人の力を借りながら

内省していきましょう。

あなたが愛と離れないように

あなたと愛との結びつきが薄くならないように

日々のあなたをどうか守ってあげて下さい。

病 と 愛

病気を怖れないで下さい。
病気を悪者だと頭から決めつけて
無理矢理にねじ伏せようとしないで
病の中の自分の声を聴いてあげて下さい。

何でも良いので、何か一つでも
病から学んであげて下さい。

病を怖れるということ、症状さえなくなれば良い、と願うことは
病気を持つ自分を愛せないということです。

実は、それこそが最大の病気です。
そうなれば、病はさらに酷くなることがあります。
病を怖れることが病を悪くする、
これが病の罠です。

私は、症状を病とは呼びません。
症状は声、自分の声です。

自分の体の声を聴こうとしない姿勢や

自分を愛せない態度のことの方を

真の病気、と私は呼びます。

病に対する自分の姿勢が

最大の妙薬であることを忘れないでおきましょう。

そして、意外に思えるかもしれませんが

病や症状は、あなたを愛しています。

あなたに何かを届けようとしています。

ですから、あなたも病を愛し

症状を持つ自分であっても愛し

自分宛に届いた学びと癒しの贈り物を

ゆっくり受け取って下さい。

あなたが見放されたから病気になったのではありません。

病や苦難の中にも、愛はあります。

どうか心配し過ぎないで下さい。

あらゆる道はいつも開かれている

心も家と同じです。
時々片づけをしなければ、散乱した物によって
窓や玄関が遮られてしまって、
新鮮な空気や、温かな光が差し込んできません。

苦しい時に心の中で散らかっているのは
あなたの「整理されていない感情」です。

感情というのは、心に生じる垢のようなもので
毎日必ず生まれていきます。

納得できないことや、理解できないこと
少し考え直さなければならないことなどが
日々生まれますが、それを小まめに整理しないと
あなたの心の中が雑然としてきて
ひどい場合は、ゴミ屋敷のようになってしまいます。

こうなると、心の中に

新鮮な空気（新しく柔軟な発想）や

温かな光（周りの支援）が入ってきません。

入ってきても、そのことに気づきません。

だから、暗闇と孤独感に苛まれ、苦しくなるのです。

多くの人は、調子の良い時、元気な時は

特段何もしません。

調子を崩してから、重い腰を上げます。

しかし、その逆です。

むしろ調子の良い時に、どれだけ小まめに

自分の感情を整理していたか？

それによって、調子の良い時期を

どれだけ維持できるかが変わってきます。

ですから、毎日の自分の心身の掃除として

瞑想をしたり、礼拝をしたり、読書をしたり、

運動をしたり、良質な食事を摂ったり、

様々な工夫を昔から人間はしてきました。

自分の心身を掃除していると
自然と新鮮な空気が心の中に舞い込んできて、
温かな光が心の中に差し込んでくるものです。

全ての道（all ways）と言うくらいだから
あなたの前にいつも（always）開かれています。
大丈夫。さぁ、やってみよう。

休みとは何か?

休みとは、
良い仕事をするための大切な仕込みの時間。
休みとは、真っ当で、真剣な仕事の一つ。

体を適切に休めることは
自分の肉体を預かる上での責任である。

と、私は休みを定義づけています。

休みとは、自分の裁量に任された
難易度の高い仕事であり、
自分自身への責任ある仕事です。

親子という学びの素材

親子関係に苦しんでいる人も多いのですが
その人は、親子関係から学んでいる人です。
親子関係の学びの難易度は、高いのです。

学びの過程は苦しいかもしれませんが、
それは癒やしの過程でもあります。

苦しみの中に、学びの素材があります。
苦しみの中にも、愛があります。

苦しみの中で、愛を見出すのは
容易ではありませんが、
だからこそ、価値ある学びとなり
大きな癒やしとなります。

それを信じて
自分の心の中にある
親子関係という大きなテーマを大切にして下さい。

辛くても、親から学ぶ。

苦しくても、子から学ぶ。

どんなことでも、僅かでも学べば、あなたは癒やされます。

自分の人生に与えられた学びの素材を活かして

自分を癒やし、自分を育むことを

私は『育自』と呼んでいます。

『育自』は生きる基本動作です。

自分を育てない人に他人は育てられません。

自分を育む人が、もっと増えたら

もっとこの世に助け合いが拡がるでしょう。

親子関係は

「育児」の場でもあり

『育自』の練習の場でもあるのです。

想いが現実を創るとしたら

大切なものを守りたい。

その気持ちは皆同じでしょう。

しかし、あなたの想いが現実を創るとしたら

他に何か見落としていないでしょうか？

大切なものを

あなたはなぜ守りたいのか？

考えてみたことがありますか？

もしかして

あなたの大切なものが弱い存在だから

あなたが守る必要があると考えていませんか？

だとしたら

あなたは大切なものを守りたいと思うと同時に

それが（守らなければならないほどに）弱い存在である

という想いを込めてしまっています。

気づかないうちに相手を弱める念を送ってしまっています。

その想いが現実に反映されるとしたら
あなたの大切なものは
あなたの想い通りに
弱い存在のままです。

それよりも
あなたの大切なものに対して
きっと、たくましくなってゆくだろうと信じて
あなたの想いを込め続けた方が
豊かな関係だと思うのです。

あなたの大切なものが
たくましくなっていくのを手伝うために
大切なものが自由に羽ばたいてゆくために
一緒に過ごす限られた時間のなかで
今あなたができ得る限りのことをして差し上げる

その方が

お互いを情けで縛りつけず

より豊かな愛に近づくのではないかな？

と私は考えています。

最 も 迅 速 な 癒 や し

最も迅速に癒やしをもたらすのは
感謝です。

反対に、
怒りや恨み、怖れや悲しみ、無知や無関心は
永きに渡って、人間を不自由にします。

感謝とは愛の一種です。
自分で見出した愛は、人間を本来の姿に戻し
自由に羽ばたかせます。

どっちが大変？

変わるのは大変だ。

だから、変わりたくないという人もいる。

けれど、変わらないままの方が大変かもしれない。

大きく変わるから、大変なんだ。文字通り。当たり前。

少しずつ変われば、大変じゃないかもしれない。

傷を癒やす

あなたを傷つけた人を恨み続けても

あなたの傷はうずくことはあっても

癒えることはありません。

どんなに苦しくても

あなた自身が、傷ついた自分を癒やそうとしなければ

あなたが、愛を見出そうとしなければ

あなたが、愛を信じて自ら行動し始めなければ

傷は癒えません。

独りではない

辛い時は、誰しも
独りぼっちのような気がします。
暗いトンネルに迷い込んだような気がします。

でもあなたは、騙されてはいけません。
それは、あなたの感情が反射的に造り出した闇です。

同じ空の下、今日もこの星のどこかで
あなたのように苦しみながら
光を見出そうとしている人はいます。
ただ、出逢っていないだけで、同朋は必ずいます。
同じように、苦しむあなたの
力になろうとしている人も必ずいます。
ただ、出逢っていないだけです。

そして、信じて下さい。
その苦しみも、その試練も
あなたは乗り越えることができると。

乗り越えることができるから
その試練を与えられたのだということを。

あなたの人生が、試練を与えながら
あなたを大きくするために作用していることを
疑わないで下さい。

あなたは、愛されている存在であるがゆえに
あなたの人生によって、育てられつつあるのです。

今日も誰かの誕生日

私たちは、生きています。
しかしながら、自分一人では
生まれることはできませんでした。
誰かが、この世に生み出してくれたのです。

私たちは、生きています。
それでも、自分一人では
ここまで育つことはできませんでした。
誰かが、育ててくれたのです。

誰もが愛の中で生まれ、愛の中で育ってきたのです。
たとえ、親子仲が良くなくても
あなたの人生に愛がなかったことの証明にはなりません。

たとえ、あなたの人生の中で
ままならないことがあったとしても
あなたが愛に見放されたことの
証明にはなりません。

食べているもの、着ているもの

読んでいるもの、見聞きするもの

住んでいる場所、自然の恵み

生活や仕事、福祉や文化

全て誰かの手が入っています。

全て自分一人でまかなう人はいません。

ということは

全ての人が愛の中で生まれ、愛の中で育ち

愛の中で生きている、ということです。

今日も誰かの誕生日。

誰かが愛の中で生まれてきた日。

本当におめでとうございます。

そして、その人が

今日まで生き続けて下さった記念日。

本当にありがとうございます。

どんな形であれ、愛の中で生まれ育ったあなたが

今日もこうして生きていることで

世界に愛が循環する機会となります。

だから、笑顔でお祝いしましょう。

毎日の　　笑顔で拡がる　　ココロの輪

峠 の 先 で

あなたが辛いということは、試練であり
あなたがそれを乗り越えることができる
ということなのでしょう。

辛い試練の峠を越えた先で
豊かさがあなたを待っていることでしょう。

しかし、あなたは辛い。
それでも、あなたは乗り越えるでしょう。
そして、その先の豊かさと出逢うでしょう。

掃 除 の 意 味

掃除というものは

自分の過ごしてきた空間をよく見て

汚れている場所を見つけて

ありがとう、と感謝の気持ちを込めて

汚れを拭き取るという作業であると、私は考えます。

ですから、あなたが掃除を行なった後は

あなたの空間が「感謝」に満ちた空間になっています。

あなたが掃除（＝感謝）をした分だけ

あなたの空間には「感謝」が溢れることになります。

感謝とは、今の自分の肯定です。

感謝に溢れた空間にいる人が

元気になるのは、至極当然のことです。

私が考える掃除とは

空間を綺麗にすることが目的ではなく、手段なのです。

自分のいた空間を掃除することによって

感謝を捧げ、自分を肯定する行為なのです。

万物に愛されている自分を再発見し
その自分という存在を肯定するのが
本来の掃除の姿ではないでしょうか。

この地球上で、肉体を持ちながら
生きるということは
そういう面倒なことを引き受けていく
ということです。

そういう面倒なことが
生きている自分への責任であり
生きている自分への愛なのです。

だから、心を込めて掃除をする人には
視野が広く、豊かな人
つまり愛に溢れた人が多いのです。

失敗の価値

何があっても、どんな失敗を経験しても
あなたの存在価値に
何一つ傷はつかないのです。
むしろ、失敗も含めた体験は
あなたの存在価値の糧となります。

成功体験だけが自分の存在価値を高める
と思っているのではありませんか？
そんな訳ありません。
成果も失敗も同等です。
失敗の価値を勝手に下げてはなりません。

今の辛い体験を乗り越えたあなたを
未来で待っている人がいるはずです。

お金から逃げない

お金がないと怖い。
それは、お金がないと
最終的に死んでしまうかもしれない
と思うからです。

それは、お金を怖れで見ているからです。
しかし、訓練をして、それを乗り越えて
お金を愛と感謝で見ることができるようになれば
今も世界に愛が溢れていることが分かります。

世界には、間違いなく愛が溢れています。
それを感じるか感じないかは
他でもない私たち次第なのです。

怖くてもお金の持つ愛のエネルギーから逃げない。

症状の終わりが始まり

悩まされていた症状が消えると
多くの人が「治った！」と思い
症状があったことさえ忘れてしまいます。

しかし、忘れた頃になると
また症状がぶり返し、再燃することがあります。

治ったと思うのは本人の勝手で
体の方は「まだまだ言い足りない」のです。
症状とは体の声です。

あなたは、体の声を聞いていますか？
24時間365日無休であなたを支える体をいたわってますか？
体を大事にしていますか？　体に感謝していますか？

症状がある時だけ体を大切にしていませんか？
症状がなくなってからの方が肝心です。

症状が消えても体との対話は続きます。

症状がある時に原因を探り、治療をすることと

症状がない時でも体のためを想ってケアすることは

全く別のことです。

例えば、

子どもさんが学校に行きたくない、

と言い出した時。

親御さんは心配して、あの手この手と

手を尽くすでしょうが

やがて子どもさんが再び学校に通い出したら、

もう問題は何もなくなったのでしょうか？

そういうことではありません。

症状があるなら、病院に行けば良い

症状がなくなれば、万事解決した

理論上はそうかもしれませんが

実際には、そんな都合よく体を扱うことはできません。

あなたがあなたの体を動かしていますが

全てがあなたの思い通りになる訳ではありません。

体にも意思がありますし、心があります。

あなたが邪険に扱った分だけ

あなたの体はスネます。

あなたが体の声を無視した分だけ

あなたの体もあなたの言うことを無視します。

子どもも、幼い時は親の言うことを聞きますが

思春期を境に自我が生まれて

親の思うようにはなりません。

それと同じように、

体もあなたが若い時は言うことを聞きますが

30〜40歳ごろを境に体にも自我が芽生え

何でもかんでもあなたの思い通りにはならなくなります。

あなたの体との対話は

あなたが体を持ち続ける限り続きます。

つまり、死ぬまで続きます。

やめたくてもやめることはできません。

体との対話は一生の仕事です。

面倒でも、生きるとはそういうことなのです。

だから、体との対話をしましょう。

いつからでも遅くはないので始めましょう。

自分の体と対話すること

自分の体を大切にすること

それは最も原始的な思いやりであり、

優しさの始まりです。

クリスマスの感謝

私に与えられたものに感謝します。

私に与えられたもの、それは弱さです。

弱さのお蔭で、私はいろんな人や物の力を

お借りしなければなりません。

しかし、そのお蔭で私は感謝することができます。

感謝することによって

豊かさが巡ってきます。

私は与えられた弱さに

私は心から感謝します。

弱さは贈り物。

豊かさを呼ぶクリスマス・プレゼントのようなもの。

実は、毎日が贈り物を受け取るクリスマスです。

メリー・クリスマス！

イラッと来たら

イラッと来たら、その時は

今のあなたの状態は愛から外れかかっているよ。
よく目を凝らして見てご覧。
よく耳を澄まして聴いてご覧。
あなたの周りに必ず愛があるはず。
もう一度、気持ちを落ち着けて
愛を探し直してみようよ。

という自分の心からの助言ではないかと思います。
怒っている時、悲しい時も同じくです。

貴方は貴方を飼育している

生きるということは
あなたがあなたという種類の生き物を
毎日飼育している、ということです。

人間という種類の生き物ではなく
あなたという種類の生き物です。

あなたは
あなたという種類の生き物の
飼い主でもありますから
最適な飼育環境を用意してあげて下さい。

例えば、あなたの愛犬、愛猫
どうやって育てていますか？
餌ならなんでもいいわ！と言って
犬や猫にウサギ用の餌をあげますか？
犬や猫に鯉の餌を食べさせますか？
そんなことはしないでしょう。

犬には犬の、猫には猫の

最適な食べ物を選んであげるでしょう。

それと同じです。

あなたの食事。

お腹が満たされれば何でも良い

という訳ではありません。

あなたという種類の生き物にとっての

最適な食事があるはずです。

人間といえども皆、体質が異なります。

それぞれ合うものが微妙に異なります。

同じ人種であっても

同じ民族であっても

家族であっても

皆それぞれ体質があります。

それは個性です。

その個性の集合体が

あなたという種類の生き物です。

あなたという種類の生き物に

何が最適なのか？

自分という種類の生き物を

よくよく観察してあげて下さい。

他の人と必ずしも同じではありませんので

一つひとつ、丹念に研究していって下さい。

時間がかかって、当たり前です。

それが一生です。

世俗で学ぶ

人間は一人では完結できない生き物です。

独りでは決して完結できないように

最初から設計されているのだと思います。

世俗を離れ、人里離れて修行すること以上に

世俗の中で自分を学び、自分を癒やすことは

難易度が高いことです。

一般社会の中で生きる皆さんは、

それに挑戦しているのです。

皆さんは、歴代の修行者たちよりも

難易度が高いことに挑戦しているのです。

だから、独りでは完結できません。

それで良いのです。

癒やしの目的は

苦悩する日々は、人生の宝探し。
気の遠くなるような宝の発掘作業の時間。

元気な日々は、自分で発掘した宝を鑑賞し、
味わうための時間であって、
苦悩から逃避する時間にあててはならない。

あらゆる癒やしの最終目的は、
目の前の苦痛を取り払うことだけではなく、
苦痛を取り払うことによって
対象者を宝の発掘作業に向かわせること
それが真ではないでしょうか？

自分の人生を自分で発掘する気がない人、
目前の困難を取り除くことだけを望む人は
どんな手段を駆使しても、いくらお金を支払っても
結果として、癒やしが訪れないことがあります。

自分の中の恐怖を少しでも乗り越えて、
自分の人生に埋もれる宝の発掘作業に
懸命に向かう人には、
どんな形であれ癒やしが近づきます。

苦しいものを排除し、苦しみのない人生を望んでばかりいても、
なぜか意外と楽しくならないものです。

苦しみの中に豊かさを探したり、
苦悩の中で学んだりすることで
楽しさが倍増することが頻繁にあります。

過去・今・未来を繋ぐ一筋の光

辛い過去がない人はいません。

辛いから振り返りたくない。思い出したくもない。

よく分かります。

ところが、過去を放置したままだと、

過去の記憶が心の中で酸化し、腐ってしまい、

ますます辛い過去ができ上がってしまい、

やがて自分を蝕む毒となってしまいます。

過去が毒なのではありません。

過去の扱い方を知らなかったがために

知らないうちに過去の記憶が酸化し、

過去の記憶が腐ってしまい、

あなたを苦しめているだけなのです。

知らなかっただけです。あなたが、悪いのではありません。

未来が閉ざされたのではありません。

心配し過ぎてはいけません。

感 謝 と い う 受 容

今という時間に生きているのに、

過ぎ去った過去のことや、

起きてもいない先々のことに焦点を当てると、

エネルギーを浪費してしまいます。

そんな時、自分を今という時間に戻してあげる必要があります。

それに最適なのが「感謝」です。

今日のあなた、今のあなたのいる世界の中から

「ありがとう」と言いたくなる要素を探して下さい。

そのことで、今を受容することになります。

今を生きる自分に戻ってきたことになります。

何が足りないか？ではなく、今、何が備わっているか？

それが大切です。

今のあなたに備わっているもの全てが、

今のあなたに贈られたプレゼントです。

贈り物を十分に受け取りましょう。

自分の定義

これまでの時代はどこか曖昧で、
どこかの偉い先生や専門家が、
「あれは素晴らしい」と言えば、その途端、
有無を言わさず、それは世間的に
素晴らしいことになっていたと思います。

その記事やニュースを見る私は、
偉い先生とは、一度も会ったこともないのに、
なんか曖昧なまま、それを信じていました。
なんとなく盲目的に右倣えで、
それを信じていました。

そうやって客観的な評価をいつも気にして、
いかに他人に賞賛されるか？ということを、
みんなで競い合っていた時代だったと思います。

他人の賞賛をもらって、自分の称号にして、
それによって他人より秀でようと努力し、

秀でることで自分に付加価値をつけようとする……
そんな時代が結構長かった気がします。

でも今、そんなことに飽きちゃった、
そんなことに魅力を感じないという人も、
間違いなく増えてきたと思います。

もう自分の定義で行きましょうよ。
もう自分を創っていきましょうよ。
誰かが造った「すごい」とか、「偉い」とか、
昔ほど輝かなくなっている気がします。

あなたはあなた。
あなたの中に、物事を定義できる感性が
十分備わっているはずですよ。

ご褒美ではなくて

正しく生きることも大切ですが、

これからは

楽しく生きることも大切になる時代

だと感じます。

楽しく生きる、ということは

自分を楽しませる、ということです。

昨今よく「頑張った自分へのご褒美として」

という言葉が使われます。

私はあまり好きになれない言葉です。

なぜならば、その言葉の中に

「条件づけ」を感じるからです。

まるで、頑張らないとご褒美をあげない、

かのような響きが含まれているからです。

頑張らなくても、頑張っていても、

自分を楽しませてあげれば良いと、思うのです。

むしろ、毎日生きていること自体、

すごい！ 頑張っているね！

と賞賛されても良いことだと、思うのです。

あなたがその日一日、何かをためそうとためすまいと

無条件に、賞賛されても良いのではないか？と思います。

不安というサイン

不安（怖れ）という、
本来の自分ではないもの
愛ではない「異物」が心にある時、
そのサインとして不安が現れるのです。

あなたが不安を感じるというのは、
あなたが愛ではない考え方・感じ方をしている、
というサインであり、
「そういう考え方・感じ方は、
あなたには、似合わないよ、ふさわしくないよ」
という心の声なのです。

Chapter III

清 い 細 胞

全ての人が社会の中の細胞です。

良い社会、良い職場、良い学校、良い家庭を望むなら、

まずは自分自身が清い細胞になるところから、

地道に始めましょうか。私も努力します。

同じ空の下、一緒に努力しましょう。

問題の人

職場や家庭などの集団の中で、問題になる人がいるのも確かです。
多くの人は、その問題となっている人に対して、
原因を探ろう、どうにかしよう、何とかしようとします。
ですが、視点を変えれば、その人は周りの人が学ぶべき課題を、
一手に背負ってくれている人かもしれません。

ですから、周囲の人も、その人だけに問題があるとばかり考えずに、
その人から何かを学ぶような姿勢になることが、とても大切だと私は
考えています。

職場や家庭は、『学びのクラスメート』『学びの協働体』ですので、
何でもかんでも思う通りにしようとするのではなく、
何かを学ぼうという視点に換えてみると良いです。

自分研究

「どうやったら、自信を持てますか?」

とよく聞かれますが、私の答えはシンプルです。

自分を知らないと、

自分を信頼するのが難しくなります。

それが自信のない状態でしょう。

ですから、時間をかけて自分を研究しましょう。

自分を観察しましょう。自分と共に時間を過ごしましょう。

自分がどんな人間なのか?

自分で知ろうとすることが、自信を抱く第一歩だと私は考えています。

ちなみに、占い、血液型占い、星座占い、性格パターン分けなどを、

私は否定するつもりは全くありません。

中には歴史ある科学のような占いもあります。

ですが、それらは自分研究の「道しるべ」です。

「道しるべ」は『ゴール』ではありません。

あくまでも、自分自身で見聞きして、
肌で感じて、自分研究を完成させるのが自分の役目、
本筋だと思っています。
頼りきりでは勿体ないですし、
その状態こそが正に自信のない状態です。

自分を研究するというのは、
自分の悪いところを撲滅するという意味ではなく、
まだ見ぬ自分を知ろうとし続ける作業のことです。
発掘作業のようなものです。
つまり、『自分自身は古墳のような悠久の歴史を持った存在だ』
と思えば、自分研究はとても楽しくなるでしょう。

毎夜の「ありがとう」

毎日寝る前に、自分を振り返って
3つ以上の「ありがとう」を（心の中でも、言葉でも）言うことを、
私は猛烈に推奨しています。
たったそれだけのことで、人間は元気になることが、
既に心理学の領域で証明済みです。
では仮に、今日一日誰にも会わなかった場合、
「ありがとう」を言う相手がいませんが、
その時はどうするのでしょうか？

むしろ、そんな時こそチャンスです。
普段、「ありがとう」を言わないような相手に言うことができます。

例えば、トイレ。
トイレがなかったら大変です。
物といえども、心から感謝したいものです。
（だから、私は感謝を込めてトイレ掃除をするのが、大好きです）
他にも、服。裸では外にも出られませんし、
質感の良い服はエネルギーを分けてくれます。

それから、食べ物。毎日私たちの体を創ってくれます。
生産農家の方、漁業の方にも感謝です。

まだまだあります。
私たちに言葉を教えてくれた方々や、算数を教えてくれた方々など、
人生で学ぶための滑走路として、知識を授けてくれた方々。
昔読んだ本。本を届けてくれた運送会社の人。
本の包装をしてくれた人。本のデザインを手がけてくれた人。
今日一日、私が生きて行ける程度の平和を維持してくれている社会。
探してゆけば、
たくさんの『ありがとう』に辿り着くことがお分かりでしょう。

「ありがとう」は愛です。
私たちは、生まれる前からずっと、
たくさんの『愛』に囲まれて生きています。
それに気づくかどうか、それに感謝を捧げるかどうか、
自分の豊かさ、豊かさの中にある自分を見つけるかどうかは、
毎日の各自の選択です。

フィニッシュはスタートに繋がるから

会社などにお勤めの方は、キャリア変更のために会社を辞める、
なんてことが今の時代、よくあると思います。

キャリア・アップを目指す人の多くは、
今の会社を辞めて、今よりも条件の良い会社に行くことを
イメージしているのかもしれません。

私のイメージは、実はこれとは少し違います。
キャリア・アップで大事なことの一つは、「辞め方」だと思っています。

「立つ鳥跡を濁さず」の辞め方なのか？
「立つ鳥跡を濁して」の辞め方なのか？
それが次のキャリア形成に少なからず影響すると考えています。
フィニッシュはスタートに繋がっています。

要するに、
辞めていく職場に対する憎しみをできる限り整理しておくことと、
職場に対する感謝の念を十分に抱いて辞めていくことが、

次のキャリア形成には、大切なポイントだと思います。

これと同じ要領で「こんな人生を送るはずじゃなかった」という人は、

今からでも遅くはないので、

自分の中にある「過去への憎しみ」をゆっくり整理してみて下さい。

心の中にある「過去の特定の人物や集団への憎しみ」が、

あなたの『明るい未来』の妨げになるのです。

自分を整理することで

『歓びに満ちた未来』を創り始めることは可能です。

私の考えるキャリア・アップとは、

「就労条件が良くなっていく」ということではなく、

自分の知らなかった一面を知り、

自分の心の中に潜んでいた憎悪や悲しみを見つけて整理しながら、

より調和のとれた自分に進んでいくことであり、

調和と豊かさが増していくことという意味です。

自分の未来を決めるのは、今の自分の在り方なのです。

弱さという個性

何をやっても苦しい、
何をトライしてもトンネルの出口が見えてこない、

もう無理だ、これ以上は無理だ。
これ以上やると本当に自分が壊れてしまう。
悔しいが、残念だが、ギブアップだ……。

この時に至って、
ようやく「変えることができない自分」が分かります。
それは「弱さ」かもしれませんが、
それこそは『変える必要のない個性』なのです。

弱さと同居することは大切です。弱さを持ち合わせなければ、
人間は自分に対する内省を忘れ、実に傲慢になります。

謙虚さと感謝をも忘れます。
人生の全てを支配できると勘違いし始め、
ヒト・モノ・カネは自分の所有物だと勘違いをし、

誰かに助けを求めることも、

誰かを心から信頼することもできなくなるでしょう。

それは豊かとは言えません。

弱さを知りながら生きる人は、

これ以上、無理に自分を変えようとはせず、

自分の弱さから学びを得ようとします。

課題の克服ではなく、弱さに学ぶのです。

そして、自分で何もかもを操れる訳ではないことを知っています。

困った時には誰かに頭を下げ、助けを求め、

時に神仏に手を合わせ、時に森羅万象に祈りを捧げ、

縁あって出逢ったヒト・モノ・カネに感謝を忘れません。

これは豊かです。

つまり、誰しもが、

自分の中に弱さという個性を持ち、

尽きることのない「学びと豊かさの泉」を

持っていると私は考えています。

あなたが、そのことを自覚し、

そのことに感謝し続けることができた時、

あなたの弱さは、いつの間にか、

あなたのたくましさとなっています。

弱いことは悪いことではありません。

自分への投資

昨今では、情報や知識をはじめ、

無料で労力をかけることなく、手に入るものが増えました。

そのせいか、手間暇かけて、汗をかいて、時にはお金をお支払いして、

自分自身に投資することをためらう人も増えたように感じます。

自分への投資も愛です。愛が減ると豊かさも減ります。

無料とか有料にこだわっていると、

自分を愛することを忘れてしまいがちです。

自分を見失わず歩きましょう。

金 継 ぎ

昔、とある人に
「あんたらの仕事は、病気になった人を元通りに戻すことや」
と言われたことがありますが、それは私の考えとはだいぶ異なります。

その人が言う「元通りに戻す」というのは、
病気という貴重な体験をする前の状態に戻す、
つまり、その体験をしなかったかのように戻す、という意味でした。

もしそれを望むなら、
そこに私の出番はないのです。

私の仕事は『金継ぎ』のお手伝いです。

金継ぎ──
陶磁器の割れや欠け、ヒビなどの破損部分を漆によって接着し、
金などの金属粉で装飾して仕上げる修復技法のことです。

たとえ心が折れても、欠けても、その体験を、

『その後の人生の糧』に繋げる作業のお手伝い。
あるいは、その体験を活かして
『その人の味（素敵な個性の一部）』に繋げる作業のお手伝い。
それが私の仕事です。

少なくとも男女共に日本人の平均寿命が80歳以上となった今、
短くない人生の途中で、一度も心が折れたり、
欠けたりしないなんて、まずないと思います。

驚くほど繊細な人間という生き物として、
この地球で人生を生きている私たちに必要なのは、
実は『金継ぎ』ではなかろうかと思うのです。
ちなみに、『心の金継ぎ』の接着剤として必要なものは、
漆ではなく『愛』です。
そして『心の金継ぎ』の素晴らしいところは、
破損前の器よりも大きく、逞しくなることが可能である、
という点です。
欠けても継げば良いのです。

ストレス処理

生きている限り、やむを得ないストレスはありますが、

問題はそのストレスをちゃんと処理しているかどうかです。

ストレス処理と言うと、ゴミ処理みたいですが、

ストレス処理とは、自分の心と向き合うことです。

ストレス処理とは、自分との対峙です。

自分との対峙とは、自分からの学びです。

自分からの学びとは、自分への愛です。

つまり、

ストレス処理とは、自分への愛であり、

人生への愛であり、自分をいたわることなのです。

あなた自身が、かけがえのない存在です。

それと同じように、

あなたのストレスの処理も、重みある作業です。

だから、決して、甘く見ないでほしいのです。

自分の存在を軽んじている人には、

ストレス処理がうまくいかない理由が、ここにあります。

重みのある作業ですから、必要ならプロに頼みましょう。

頼むといっても、お任せではダメですよ。

あくまで、プロに教わり、プロの手を借り、

自分で実践できるようになるのを、目指すのです。

あなたが、その気になって探せば、

あなたを導いてくれるプロフェッショナルは、

職業・職種にかかわらず、至るところにいるでしょう。

まだ、希望は十分にあります。

自分の中の「愛」を守る

自分の中に「愛」が欠けると、

自分の中の「怖れ」が際限なく増して、

その怖れから自分を守るために、

誰かを怒り、憎み、傷つける行ために至ります。

それはまさに誤作動です。

誤作動を起こさないように

自分の中の「愛」を日々維持しておくこと、

それが、今を生きる僕らの責任ではないか、

それが、平和を守ることの始まりではないか、と私は思うのです。

自分の中の「愛」を守っていくためには、

誰かに愛されることだけでは、不十分です。

自分で自分を愛することも必要なのです。

自分の心の中を見つめていくこと

それも自分に対する「愛」なのです。

時として訪れる苦悩や葛藤。

それらを、他の快楽に置き換えてごまかさないこと、

自分から逃げないこと、

それが、自分の中の「愛」を守ることであり、

争いごとをなくすためにできることの一つです。

自分の「愛」を守ること、

自分という「愛」を守ること、

自分が誤作動を起こさないように気をつけること、

それは大切な行いであり、

人類としての重要な成長です。

各人が「人類としての成長」を担うのです。

紙 一 重

心の健康状態の悪化、いわゆるメンタルヘルス不調は、

誰にでも訪れる可能性があります。

よくメンタルヘルス不調は、

心の弱い人、メンタリティの脆弱な人がなるのだ、

と勘違いされます。

確かに、人間の個体差、個性として、

メンタル面のタフネスに強い・弱いはありますが、

それは周囲の環境や、育ってきた家庭環境などにも関連するので、

本人だけのせいではありません。

よくメンタリティの強さを自認している方が、

メンタルヘルス不調の人のことを蔑んだような発言・態度をしたり、

時に高圧的な表現をしがちなのですが、

私に言わせれば、その態度も「一種のメンタル不調」です。

これは「相手の状況に対する理解力が低下している状態」

あるいは「自分が理解できない状況に対する（自覚のない）恐怖心を、
高圧的な態度や威嚇的な態度で自己防衛しようとしている状態」で、
一種のストレス反応と捉えています。

お分かりでしょうか？
つまり、メンタルヘルス不調と、ハラスメントは紙一重で、
根っこの部分はほぼ同じであり、表出方法が違うだけなのです。

ですから、自分は心が強い！と言い張る人、
自分は心が弱い！と決めつけている人、
どちらもケアが必要なのです。

メンタルヘルスの問題が全ての人に訪れる可能性があるということは、
人間は誰しも生きている間に、一度以上は必ず、
自分と真剣に向き合わねばならない時が来る、ということなのです。

メンタルヘルスといっても、心の不調だけではありません。
いろいろなトラブル、体の病気、職場や家庭の人間関係、

子育て、親子関係などなど、構造は同じことです。

心の問題は、人生必須のテーマです。

怖いからといって、いつまでも逃げきれるものではありません。

なぜならば、

これらは『自分の人生が自分に出した処方箋』だからです。

今後の人生に必要な学び、改善、仕切り直し、

捉え直しなどのヒントがたくさん詰まっているのです。

この処方箋を本人がしっかり受け取らない限りは、

事態は好転しない、あるいは繰り返すようにできています。

メンタルヘルス不調は、本来は災難ではありません。

むしろ、幸せになるための羅針盤であり、贈り物なのです。

人生を味わう

もっと貪欲に、この人生を味わおう。
もっと噛み締め、人生の味わい深さを知ろう。
怖さで目が眩んでも、逃げずによく見ると、
私たちの人生は、確実に私たちを、
幸せへと導いているのが分かります。
その時、ありがとう、という言葉が
自然と肚(はら)の底から湧き上がるでしょう。

自分と向き合い始める

(1) 身の周りの掃除をする

(2) 食事内容を見直す

(3) 自分の発言や態度を見直す

この辺りが「自分と向き合うこと」の

手始めじゃないでしょうか?

病気だろうが、経営だろうが、教育だろうが、

プライベートだろうが、仕事だろうが、

何の種類の問題を抱えていたとしても、

この3つは、大事です。

この3つが、自分では

どうしてもうまくできないので

人に手助けを求めるのは分かりますが、

逆に、この3つを自分でできるのにやらずに、

いくら時間とお金をかけて、

人に助けを求めても、

結果は、今ひとつだと思います。

それくらいこの３つは重要で、

言い換えれば、これは

「自分でいることの基本動作」

だと思ってます、僕は。

自分でいること、

自分と向き合うこと、

それは、

自分を愛すること。

誰かに愛されるのとは、訳が違うのです。

自分でやらないと何の意味もないのです。

これは他人では代行できないのです。

自分を愛すること。

それは、

あなたにしかできない、

あなただけの特別なお仕事です。

表現しよう

自分はどう在りたいのか？

どう生きたいのか？

どんどん具体的に言おうじゃないか。

口に出すも良し、書くも良し、願うも祈るも良し。

とにかく表現しよう。

何も言わなければ、僕らは、肉体と感情の「塊」だけど、

言えば、成長と幸せを目指す『魂』になるのだから。

私にとっての「社会適応」

私にとっての「社会適応」という言葉は、
「自分を矯正して、社会からはみ出さないように努める」
という意味ではなく、
「様々な体験から自分の特徴を理解し、
自分が活き活きとする生き方を、社会の中に見出す」
という意味です。

親切を受け取る

人の親切に触れる時、
それは、人間の中から湧き出る『愛』を受け取る時なのだと思います。

愛を与えることと同様に、
愛を受け取ることも
大切なことなのです。

私たちは、自分の弱さを恥だと思い、
隠してしまいますが、
それによって誰かの親切を受け取ることもあります。

あなたの弱さは
あなたが『愛』を受け取り、
『愛』を実感し、感謝するための
『贈り物』でもあります。

将来への自己投資

今、辛い人、苦悩や葛藤をしている人は、

別に無駄なことをしている訳ではなくて、

将来に備えて自己投資をしているのだ、と私は考えます。

だから、苦しくても、

その投資が後で何倍にもなって返ってくることを信じて、

どうかニンマリして下さい。

口角を上げて、ニンマリのままで、

自分の世界がだんだんと変わってくるのは確かなことです。

最短距離は勧めない

手間暇を省いては、育つものも育ちません。
だから「効率的な教育」という言葉は、
「痛くない腰痛」と言っているようなもの。
今は無駄と思うものが、将来モノすごい収穫を生むことは、
多々あります。
自分を育てる『育自』も同じで、
先々の失敗を怖れ、焦って、最短距離での成長を目指そうとするのは、
全く勧めません。
怖くても、面倒でも、
ワクワクを目指して飛び込むから、成長する訳です。

ずっと心と一緒だから

「どうすれば心が折れないで済みますか？」
とよく質問されますが、
率直に申し上げると、心が折れることを怖れている時点で、
心がきしみ始めています。
実際には「心が折れても、あなたが再び立ち上がれる」という事実を、
あなた自身に体験させようとして、あえて心を折ってみせる、
ということが、人生には多々あるので不思議です。
心にも意思があるのです。あなたは独りじゃない。
今も昔もこの先も、ずっと心と一緒です。

自分を愛すること

『自分を愛すること』で初めて、自分を生きる『実感』が湧くのです。

優しさや思いやりは、他人から譲ってもらえる場合がありますし、
あなたは既に誰かから愛されているかもしれませんが、
それとは別に、『自分を愛する』行為は、自分にしかできない行為です。

愛するといっても、様々な形があります。

知ろうとすること、認めること、褒めること、共感すること、
受け容れること、喜ばせること、笑わせること、
矛盾やアンバランスを見つけ手放すこと、
苦痛をなくすこと、希望に向かうこと。

そして、愛することの舞台も様々です。

私生活、学校・仕事・職場・会社、人間関係、言葉遣い・思考のあり方、
食事・食材選び、運動、休息・余暇の過ごし方、
睡眠、勉強・知識の獲得、メンテナンス・治療……。

ですから、
何の舞台の上で、どこまで、どのように自分を愛するか？
それを決めるのは、自分です。

既に実行中の方もいるでしょうし、
未だ実践には至っていない人もいるでしょう。

しかし、ここで大切なのは、方法が正しいか間違っているか、
という結果論ではなく、純粋に自分のことを想って
何らかの行動を起こすことです。

また人間は常に変化するので、ワンパターンな方法にこだわらず、
様々な視点・変化を持たせることも大切です。

自分を愛すること。

不慣れな時は、恥ずかしかったり、怖い感じがしたりするものですが、
まずは何かをやってみましょう。

親：勉強しておきなさい！

子：イイ学校行って、イイ就職しろってことだろ！
親：違う。人生から学ぶためだ。

子：学ぶとどうなるんだよ！
親：癒やされる。

子：癒やされたら、どうなるんだよ！
親：自分が活かせるようになる。

子：じゃあ、自分を活かせたらどうなるの？
親：生きることが楽しくなる。

子：え？ そうなのか？……じゃあ、やりたいな。
　　でも俺、もう40過ぎだぜ……もう手遅れだろ、どうせ。
親：それは、君が年齢を理由にして、学びを怖れているだけだ。
　　勝手に自分で理由をつけて、
　　自分が幸せになることを怖れているだけだ。

学びに手遅れなどない。いつも今が最適だ。

毎年春になると必ず櫻は咲く。
人生も同じようにリズミカルだ。
チャンスは巡ってくる。

君の人生も学びの素材と、癒やしで溢れている。

問題は、素材を活かすかどうかだ。
だから、嘆くよりも、学びなさい。

子：ヘェ〜！ すごいな！ ちなみに、いつそれに気づいたの？
親：確か、天国に向かう途中の階段だったかな……。

子：説得力あるな！

休み上手

しっかり休むことは、人間の大事な仕事です。
むしろ、与えられた寿命、与えられた人生を、
無駄にせずしっかり生きるための務め、といっても良いでしょう。

なお、断っておくと、
「仕事していない時が休んでいる時」ではありませんよ。
(さらに言うと、職場に来て仕事をしていない人は休んでいる、
ということでもありません)

休みは人それぞれ。
3時間寝て休まる人もいれば、3週間旅に出る必要がある人もいるし、
33日間の座禅を組む人もいるでしょう。人と比べてはいけません。
みんな自分だけの、オリジナルな休み方があるのです。

あなたは、自分を休めながら生きていますか?
自分オリジナルの休ませ方を、自分で知っていますか?
そんな自分なりの休みを、十分に確保できていますか?
休み上手は、生き上手です。

やりたいことを、チカラいっぱい！

今やりたいことを、チカラいっぱいやるのが良いです。
しかし、「自分に何かが欠けているから」頑張らねばならない
と思うのは、あまり勧めません。
自分で不足していると思う限りは、
頑張っても、頑張らなくても、結局は満たされないのです。
まずは、誰かの目を気にせず、
今自分がやりたいことに没頭しましょう！
それが無心の遊び。
そこに自分が活きる可能性があると考えます。

自己嫌悪より

ああ、また同じことを繰り返してる…。
あの時言われたことを、今は理解できるのに、
なぜここまで時間がかかったんだろう…。

自己反省というか、後悔というか、
自分に腹立たしい時が、誰しもありますね。
人間の成長は、らせん階段と申します。
同じようなミスに見えても、
ちょうど一周回ってきたのでしょう。
前より、どこか必ず進歩しているはずですよ。
そこを見つけて下さい。

前回同様のミスをしたあの時から、
今日まで毎日あなたが真剣に生きてきたから
やっと今、気づくようになったのです。
自分で気づくようになったこと自体が素晴らしい。
そこを褒めて下さい。
費やした時間など関係ないのです。

覆水盆に返らず、と言いますが、
その覆れた水は地面に染み込んで、
あなたを育むのですから、無駄なものはありません。

自己嫌悪は、
「変化するきっかけ（反省材料）」にはなるのですが、
「変化すること」ではないのです。

しかも、こんな自分が嫌いだ！という動機では
心の新陳代謝が偏り、健全な自分にはなれません。

その一方で、好きだ！
という動機はとてもバランスが良く、強力です。

こんな自分になりたいんだ！
そしたら、どんなにワクワクするだろう！
という前向きな想いは、
さらに強力にあなたを変化させます。

お花畑！と言われても良いから、
夢見てる！と言われても良いから、
嫌いな自分じゃなくて、
『好きな自分』を描きましょう。

もっと純粋な心で、
もっともっと具体的に、
もっともっとこだわって、
あなたのなりたい自分、理想の自分、
最高の自分、愛せる自分、
愛の塊になった自分を心に描きましょう。

華奢な自分に嫌気がさす？

他人から見たら大したことない、
ちょっとした出来事で体調を崩したり、微妙な気分になってしまう…
そんな華奢な自分に嫌気がさす…そんな方はいませんか？

でも、そんなもんですよ、きっと。
だって、見て下さい。
大都市・東京だって、雪が20センチ積もったら、
いろんなことが麻痺しますよ。
北国の人からしたら「なんだ20センチくらいで！」と思うでしょうし、
南国の人からしたら「雪が見られていいなぁ」と思うでしょう。
街も人間も、あなたも私も、
そんな繊細かつ絶妙なバランスの上で、
毎日成り立っているんですから、何も気に病むことないですよ。
むしろ「毎日絶好調です」と言い張っている人の方が、
ココロ的には心配ですから。

一番大切なこと

心底好きなものに関わる時、
誰しもが持っている『アーティスト性』が発揮され、
開花するのだと思うのです。

もちろん、嫌いなものや、苦手なものを乗り越える経験も、
人生に『いろどり』を与えてくれます。
その一方で、得意なもの、好きなものは、
人生を開拓する『強力なツール』となります。

苦手なものを克服しようとするかどうかは、
あくまでも、その人の選択です。
苦手なものを克服すれば、人生は彩り豊かになりますが、
自分の人生をどの程度、色彩豊かにしたいか？は、その人の選択であり、
あくまでもオプションに過ぎず、必須ではありません。

ですから、自分の苦手を克服しようと苦労している人が、
好きなことに集中している人を見て、
羨む必要も、見下す理由もないのです。

何かに囚われて、やらされているものは、

今ひとつ伸びにくいですが、それに気づけば、学びも実りもあります。

やりたいことは、やっぱり伸びやすい。

だけど、やりたいことに集中するのも楽ではありません。

どちらも自分の選択ですが、

どちらであっても無駄ではありませんので、安心して下さい。

一番大切なのは、自分で選択するということです。

心 の 大 掃 除

いつも、こまめに掃除しているから、そんなにやらなくても大丈夫
と思っていても、実際に大掃除を始めてみると、
やっぱり日頃は気づかないどこかが、汚れているものですね。

こうして大掃除ができるのも、
一年という時間の区切りのお蔭だと思います。
ある意味、時間はありがたいです。
そんな「おうちの大掃除」と同じように、
定期的な『心の大掃除』も必要です。

ですが、心の汚れが目に見えないということと、
心の掃除の仕方が分かりにくい、という理由などで、
『心の大掃除』を自分で意識している人は、
あまり多くないかもしれません。

心に汚れ（心の垢）が溜まってきた時のサインは、
カラダが思うようにならなくなったり、
生活や仕事に引っかかりを感じるようになったり、

職場や家庭の人間関係の課題が浮き彫りになったりします。

ですから、「心の大掃除のタイミング」は、

皆さんが思うよりも、ずっと分かりやすいのです。

多くの人が、これを「不運」として捉えているのかもしれませんが、

私はこれを『キレイな心を迎えるためのラッキー・サイン』だと

捉えています。

できれば、これらのサインが出てきたら、

早いうちに『心の大掃除』を始めるのをお勧めします。

逆にサインが出ているのに、いつまでも大掃除を後回しにしていると、

サインがどんどん強烈になっていきます。

風邪→気管支炎→肺炎のような感じで悪化します。

『心の大掃除』とは、ズバリ、

『今までの生き方や考え方を見直す』ことです。

自分の生き方や、考え方の中に、

何かアンバランスなもの、不調和なもの、偏っているもの、

意固地になっているもの、不勉強なもの、見失っているもの、

逃げがち避けがちなもの、自分を正当化しているもの、怯えているもの、

怒っているもの、寛容さや思いやりの欠けているもの、

愛の欠けているもの……などがないか？を見直す時なのです。

自分で自分を見つめるのは大変ですが、勇気を出して、

自分の心の中を探して、心のアンバランスが見つかれば、

『心の大掃除』の半分は終わっています。

そして、そのアンバランスがどこから来るか？

突き止めれば、もう最終コーナーです。

ですが、ここに注意点があります。

それは例えば、「Xさんのせいで心がアンバランスになった」のように、

他人のせいにしていると、残念ながら、大掃除はフリダシに戻ります。

職場であれ、家庭であれ、社会生活を送っていれば、大なり小なり、

Xさんのような特定の人物（もしくは、特定の出来事）が、

あなたを不快にさせていることがありますが、
その人（もしくは、その出来事）は、あなたの心のアンバランスを
浮かび上がらせてくれた人（出来事）でもあります。

仮に、Xさんがあなたの心のアンバランスに関与していたとしても、
全てをXさんのせいにするのは、
自分の心に対する自分の責任を放棄していることになるのです。

あくまでも、「自分の中」のどこからアンバランスが生じているのか？
を探す必要があります。
そこは、誰であっても、逃げてはいけない部分です。

そして最後の仕上げとして、そのXさん（もしくは、その出来事）に
少しでも「感謝」できるようになったところで、『心の大掃除』は、
ほぼフィニッシュです。

毎日何かとお忙しいとは思いますが、
『心の大掃除』の方も忘れずに、どうぞ大切にして下さい。

自分で人生を創るために

日々の出来事に、自分でどんな意味を見出すか？
どんな意味を付与するか？が大切です。
それが積み重なって、人生を自分で創ることになります。

そんな日々の出来事に敏感に反応しているのは、
実は自分の「感情」だった、というケースが多々あります。
いや、大半と言うべきでしょうか。
しかし「感情」は、心の垢であって、
心そのもの、自分そのものではありませんのでご用心下さい。

日々の出来事に敏感に反応する「感情」に、
あなたの大切な人生を操作させるのではなく、
まずは、「感情」があなたのどこから湧き上がってくるのか？を
ゆっくり時間をかけて探すのが、私のオススメです。
これが心の垢を落として、心の声を聴く作業に繋がります。

弱さは強さの前触れ

ある時、すごく司会進行がお上手な人がいて、
「お上手ですね」と言ったら、
「いや実は、私は人前で話すことが、ものすごく苦手で
自分でも困っていまして……」という意外な返答がありました。

お話を伺うと、この方は苦手ゆえに
事前に人前で自分が話す内容を暗記するくらいの準備をして、
本番に臨んでいるのだそうです。
つまり、この方は
「苦手なことを自分で補っているうちに、誰よりも上手になった人」
なのです。

自分の苦手なことを見つけるのも、実は才能の一つ。
自分の苦手な部分を認めて、自分なりに補う努力をするのもまた、
才能ですね。
弱さは、強さの前触れです。

あなたがいる世界を素敵に

例えば……
昔は、納豆が大嫌いだったけど、
今、なんとなく一口食べてみたら
最高に美味しかった！
これ、本当に同じ食べ物？
なんてこと、ありませんか？

人間でも、
昔、さほど好きになれなかった人と
ふとしたことで、
久しぶりに逢ってみると
その人が別人のように
素敵な人になっている！
なんてこと、ありませんか？

自分の苦手な人や、苦手な物と
ご無沙汰している間に
自分の生き方が

変化したことで
自分がいた「前の世界」を
塗り替えて『新しい世界』を
創り出してしまったのでしょう。

この『新しい世界』の中では
苦手だった人も良い人になってるし
苦手な食べ物も美味しくなっている！

毎日の自分の行動・言動・思考の集まり、
つまり『自分の在り方』が
毎日の分岐点となって自分のいる世界を
少しずつ塗り替えているのでしょう。

これはスゴいことです。
どこの誰であっても
自分の在り方次第で
世の中を塗り替えることができる！

ということなのですから。

だから
「世の中を変えたい！」
「世界を変える力が欲しい！」
と息まかなくても

自分の在り方を練り上げて
少しずつ良いものにすれば
おのずと自分のいる世界は
素敵なものに変わるのでしょうね。

だから
あの人を助けたい、
この人も良くしてあげたい、
そんな風にお節介に
わざわざ力まなくても、

あなたが

自分を良く練っていけば

あの人も、この人も、

あなたがいる世界では

素敵になっていくだろうと思います。

成 長

何をもって『成長』とするかは、

人それぞれなのですが、

私はこう定義しています。

成長とは、

苦しみが完全になくなることではなく、

苦しみの中に、僅かであっても、

愛と感謝を見出す力がつくこと。

仕事と家族のために

「仕事とプライベートは別。仕事は仕事、家族は家族」
と考えている人が多い気がしますが、
私の意見は真逆です。

仕事も家族に影響するし、家族も仕事に作用する。
仕事をキチンとするには、家族関係をスッキリさせる必要があるし、
家族を守りたいのであれば、仕事を整理する必要があります。
仕事と家族の関係をスッキリさせることで、
家族を大切にしたいものですが、そのためにはまず、
自分自身を深く知るところから始まります。

つまり、自分を深く知り、自分をいたわることが、
愛する人を大切にすることに繋がるのです。

大切な欲求

自分と一緒にいてほしい

自分と一緒に遊んでほしい

自分を見ていてほしい

自分を許してほしい

自分を愛してほしい

これらは「子どもの欲求」に見えますが、

おそらく、人間の根本的で根源的な欲求です。

これは何も、子どもに限ったことではなく、

大人の中にも隠されている、非常に大切な欲求です。

この欲求は『生きることのエネルギー源』であると私は考えます。

この欲求が満たされると、子どもも、大人も、大変元気になりますし、

逆に満たされないと、次第に苦しくなる、と思います。

そういう大切な欲求です。

出逢いの意味

出逢いとは、究極的には次の二つなのかなと思います。

『共に協力して何かを為すことを前提にした関係（協働の関係）』

もしくは、

「お互いに必要なことを学ぶための関係（協学の関係）」

どちらでもなければ、『出逢うご縁』さえもないはずです。

人間関係は相性が良くても悪くても、

どちらも山あり谷あり、苦あれば楽あり。

だから、興味深いし、面白いし、美しい。

ホレたハレただけでは、この美しさは味わえないかも。

嬉しい楽しいだけでは、実際には、嬉しくも楽しくもない。

これぞ、出逢いのマジック。

ただし、1対1の関係であっても、

他人のいろんな力を必要とすることがあります。

いろんな力を借りたとしても、

最後に学びを得るのも、決めるのも、自分です。

ありがとう中毒と依存症

ありがとう！と言うことは素晴らしいことですが、
ありがとう！と言われることはどうでしょうか。

ありがとう！と言われて、悪い気分がする人は、少ないです。
言われると良い気持ちです。
ああ、やって良かったな、誰かの役に立てたな、
自分の価値を感じるな、理由は様々です。

ここで唐突ですが、中毒と依存症について述べます。
簡単に言うと、
中毒とは、摂り過ぎによって引き起こされる誤作動のこと、
依存症とは、特定の何かがないと安定できない状態のことです。

私の中の造語辞書によると、
ありがとう中毒とは、ありがとう！を受け取り過ぎることで、
「ありがとう！と言われて当たり前のことをしているんだ」
と思うようになってしまうこと。
ありがとう依存症とは、「ありがとう！と言われないと、

元気が湧かない、やる気が出ない、安心できない」

という状態のことです。

確かに、ありがとう！は嬉しいです。

励みになります、自信に繋がります、やった甲斐を感じます。

でも、私たち人間は良くも悪くも「慣れて」しまうから。

初めは、ありがとう！と言われることにありがたみを感じていても、

放っておくと、言われて当然になってしまいかねないのが、

私たち人間です。

だから、一度にたくさんのありがとう！を頂く時、

私はそれを素直に受け取りつつ、一方で自分には注意しています。

「この、ありがとう！は自分だけの手柄じゃないから。

自分が今、代表して受け取っているだけだから。

私がたまたま今、目立つ場所にいるから、

ありがとう！受取窓口みたいになっているけど、

私は受け取ったありがとうを、

私の陰で支えてくれた方々に届けるのを、

忘れないようにしないとな」
と自分に気をつけています。
面倒だけども、それが必要経費というか、
ありがとう！の所得税みたいなものだと思って、
少し差し引いて受け取っています。

また、頂けるありがとう！が少ない時でも、同じようにしています。
わずかに頂いたありがとう！でも、全部自分の手柄にしてしまって、
独りで悦に浸ってしまうと、ありがとう！のもたらす歓びが、
より急速に消費されてしまうからです。

いずれにしても、ありがとう！と言われることは、
ありがたい奇跡のような出来事ですから大切にしたいです。

心のカサカサは音楽で

止むを得ず、気持ちが張りつめてしまって……、
どうにも緩められない……。
まるで心が深呼吸できないような感覚って、ありませんか？
（例えば、受験生とか、大きな仕事や悩みを抱えている人など）

この状態を例えて言うならば、
「心の乾燥、カサつき、ヒビ割れ」でしょうか。
これらを生身の人間が扱うと、
逆に手間取ってしまって、
どうしても手が届きにくくなる場合があります。

そんな心のカサカサには……音楽がよく効くことがあります。
だから、自分の好きな音楽を知っていると、
心がカサついた時の御守りになります。
最近は、アプリで聴けるインターネットラジオや、
音楽チャンネルも増えていて、良い時代になりましたね。
同じように読書なども高い効果を発揮するそうです。
忙しい時、悩める時にカサつきがちな心にも潤いを。

自分の中の勤労者たちへ

自分のエネルギーを誰かのために使う人は、
どこでも、誰でも、所属がどこであっても、
みんな『働く人』だと私は定義しています。
たとえ、自分では誰かのためだと思っていなくても、
ただそこにいるだけで、誰かに何らかの影響力を及ぼすのが人間です。
その結果、意図せずとも誰かのためになっている、
なんてことも多々あります。
ということは、誰しもみんな『働く人』なのです。

そんな働く皆さんを、日夜支えるために『働く人』が身近にもいます。
それは皆さんのカラダです。
24時間365日不眠不休で、皆さんを支えています。
ですから定期的に皆さんのために働く、皆さんのカラダに感謝して、
いたわる習慣をつけるというのはいかがでしょうか?

例えば、お風呂で「いつもありがとうなぁ」と
声をかけながら洗ってあげるとか。
是非『自分の中の勤労者さんたち』を折に触れていたわって下さい。

今 日 を 見 る

先日すごい霧に遭遇しました。
先がほとんど見えませんでした。

いつも見えているものが見えないと
途端に心配になってしまうのですが
そんな自分に対して、
何だかこう言われている気がしました。

「いつも同じことが続くことを期待し過ぎだよ」
「先のことばかり見透そうとしてはいけないよ」

今日は今日一日分の自分を
しっかり生きましょう。
過去のこと、未来のことを思い煩うと
今が見えなくなるので
今日の自分を大切にしましょう。
それで十分です。

喜楽と怒哀

喜怒哀楽の感情は誰にでもありますが、

「怒哀」の感情よりも「喜楽」の感情の方が

だいぶ人気があると思います。

「喜楽」の方が、元気が出るし、楽しいし、

ということで、こちらの感情の方が人気です。

最近は「ポジティブ」という言葉も

流行っているので、なおのこと

「喜楽」の人気が続いていると思います。

一方、不人気路線の「怒哀」。

悲しいし、怒るしで、いいイメージはさっぱりありません。

流行りの「ポジティブ」の逆の「ネガティブ」な感じで、

永遠の悪役的な位置づけです。

そういうことで、多くの方は

「ポジティブ」という名の下に

自分の中の「喜楽」のことを大切にし、

「怒哀」の方を見ないようにします。

しかし「喜楽」や「怒哀」どちらかに

大きく偏っていますと、

いずれ心が苦しくなります。

ここで不思議なのが、

「喜楽」に偏っていても苦しくなる、

という点です。

「私、ポジティブ。楽しいこと優先主義」

と言って、「喜楽」に偏っていますと、

自分の中の「怒哀」がほとんど無視された状態になります。

すると、無視され続けた「怒哀」の方は、

次第にいじけて、相手をギャフンと言わせたくなるのです。

無視され続けた「怒哀」の自己PR活動が始まります。

「私はここにいるよ〜！」「私に気づいて〜！」

これが日々の生活や仕事の中で、
ちょくちょく、顔を出すようになる時は、なぜかイライラしたり、
なぜか不都合な出来事が続いたりします。体調も崩すでしょう。

そうやって、「怒哀」という「もう一人の自分」が、
あなた自身に訴えているのです。

「怒哀」という感情は、
『本当の自分と今の自分が不調和な状態』にある時に
生まれる感情だと思います。

つまり、怒哀という感情は
「本当の自分と不調和なことが何か発生しているよ」
と教えてくれる存在なのです。

怒哀。

彼らは、あなたの中のトレーナーなのです。

彼らの言うことは、とても厳しくて、

耳が痛いことばかりですが、

大切な内容をはらんでいます。

それでも

『自分のことを集中して考える時間』と、

『自分の中の怒哀の声を聴く姿勢』があれば、

このトレーナーの言うことも次第に痛くなくなってきます。

仰々しいことをしなくても、

本来の自分らしさ、本来の豊かさを、

日々の自分の中から見つけていくことはできると私は思います。

試練は心の栄養

苦しい時は、
これまでの自分を見直す季節です。

ちょっとやそっとでは変えられない
自分のいつもの行動や言動、いつもの考え方、
感じ方の癖など自分で気づかないうちに陥っているパターンを
探索する季節です。

自分にとっては長年親しんだ習性でも、
案外、その習性に自分が苦しんでいる、
ということは少なくありません。

調子の良い時には決してできないような、
自分の心との対話に取り組むチャンスの到来です。

もしあなたが今、苦しいのだとしたら、
自分が苦しいことを、恥ずかしく思わないで下さい。

試練は心の栄養です。

試練を乗り越える、という体験に

あなたがノミネートされたということです。

自分大好き

まずは、あなた自身を楽しませる。

毎日の日課として、あなたを楽しませて下さい。

そのために、自分を観察する。

自分のことを見つめてあげる。

自分の何がダメなところか？ではなく

自分は何が楽しいのか？という視点で。

そうすれば、少しずつであっても

あなたの中に愛が育まれます。

自分を楽しませることを日課にすれば、

あなたの中の愛が大きく育っていきます。

それが楽しく生きること、

それが自分の命を大切にすること、

それも正しいことではないかな、と思います。

あなたが、この世をいつか去る時に
「ああ、楽しかったなぁ」と
心の中で言えるようになりましょう。

自分大好き。
大いに結構なことです。
恥ずかしくない、恥ずかしくない。

愛 と 遊 ぶ

愛が見えないから
聞こえないからと言って
身の回りに愛がないと言うのは早合点というもの。

誰かに選ばれようとか
誰かに競り勝とうとかしているうちに
自分が消えてしまいます。
それではせっかく生まれた甲斐がありません。

自分を生きる。
自分を創る。
自分にこだわり続けて自分を遊ぶ。

遊びの中で学んでいく。
頭ではなく体で覚える。
聞きかじりの知識ではなく
あなた固有の体験で
身の回りに溢れる愛を体感するのです。

愛はあなたの中にしかないのです。

仕事やお金、生活や家族

そこに愛があるのではなくて

そこはあくまでも

愛を学ぶ練習台であって

あくまでもあなたを源として

あなたの求める愛が湧き上がるのです。

愛から逃げるから

人生が辛くなるのであって

愛がないから

人生が辛くなる訳ではないのです。

私たちは愛に満たされています。

怖がらなくても良いのです。

地球という母の中で

どこまでも真剣に愛と遊べば良いのです。

治療 と 健 康 管 理

症状の原因を探すのが治療ならば、

症状の背景（伏線）を探すのが健康管理。

症状を修復するのが治療ならば、

自分の中の調和を模索するのが健康管理です。

治療を主導するのが、専門家ならば、

健康管理の主体は、自分です。

専門家が原因を見つけ出してくれて、

修復してくれる治療とは明らかに異なり、

健康管理というのは、

自分で自分の生き方・在り方を見つめ直して、

自分なりに試行錯誤しながら修正していくもの

ということになります。

まさに、自分との対話です。

正直、言葉で書く以上に大変です。

でもそこに、必ず何らかの答えがあります。

闇（病み）に対する光があります。

治療も大切。

健康管理も大切。

どちらも大切。

面倒臭いと思いますが、

面倒臭いのが人生です。

コツを掴めば、楽しくなるはずです。

多様多彩な美しさ

パイプオルガン演奏者の方が
とても興味深いことを教えてくれました。

「実は、パイプオルガンを構成する
たくさんのパイプの全てが
均等な音量、正確な調律であれば
必ず良い音色が出るとは限りません。
意外にも不均等な音量や調律の方が
面白い音を奏でることが多々あります。
正に我々人間と同じなのです」と。

同一や均一は
私たちが思っているほど
完璧な調和を生むとは限らないのですね。

そして

異質で多様多彩であること

ムラがあってランダムな様子は

私たちが思っている以上に

美しく力強いことなのですね。

あとがき

　文字には力があると思います。文字が言葉となり、言葉が文章を作り、文章が集って本となる時、何かの力が宿ったメッセージとなると信じています。

　今から3年ほど前に、苦手だったブログやSNSを始めたのは、日々自分の中から湧き上がる言葉と、頭上から降ってくる言葉を忘れないように書き溜めるためでした。ある時は朝一番、ある時は夜中、時間も場所も構わず言葉はやってきましたが、兎にも角にもそれを書き留めないと頭の中が渋滞してスッキリないので、私は必死に書き留めました。

　日々言葉を綴るうちに、やがて私は気づきました。「この言葉は私のものではないんだ。この言葉を必要とする方々に届けるべきものなんだ」と。書き始めて3年で300を超える記事が生まれたところで区切り、それらを今一度見つめ直し、不要な箇所を削りに削り、絞りに絞って、今私が伝えたい要素を凝縮したのが、この一冊です。

　人によっては厳しい言葉に思えたり、温かな感じがしたり、同じ文章でも読むタイミングによって感じ方は変わると思います。

　もちろん読み方も自由です。毎日の日課のように読む、迷った時にランダムにページをめくる、不安を感じた時にいつでも読めるようにカバンに忍ばせておく等、この本の使い方は沢山有ると思いますが、この本が皆さんの命を温めるお守りのようになってくれることを願います。

　私にとって初めてのこの一冊を生み出すにあたっては、森恵子さんに大変お世話になりました。この場で感謝申し上げます。その森さんを紹

介して下さった前みつ子さん、前さんを紹介して下さった安達すみ子さんにも感謝していますし、安達さんと出逢うきっかけとなったブライアン・ワイス先生を初めとした、この世界の愛の循環に感謝します。

　また非常に繊細な私に理解を示し、支え続けてくれた最愛の妻の直美、息子、娘に心からの感謝と愛を。

　そして今は亡き祖母・照子と、今も元気な母・律子にこの一冊を捧げます。

令和最初の秋に
黒木弘明

黒木弘明（くろき ひろあき）

1978年生まれ。医師。市中病院勤務後、産業医として中小企業や大企業で働く人の健康管理に携わる中で、疾患の治療とは別に「生き方のケア」の必要性を感じ、これを実践し続けた。現在は産業医活動に加えて、企業の経営者と労働者のためのメンタルヘルス教育を多くの企業で担う傍ら、個人クライアントのサポートや、得意のギターと唄を交えた一般向けのワークショップを行っている。テディベア愛好家でもある。

黒木弘明 HP

生 学 癒 活　SEI GAKU YU KATSU

2019年11月23日　第1刷発行

著　者　黒木弘明
発行者　森　恵子
発行所　株式会社めでぃあ森
　　　　（本　社）東京都千代田区九段南 1-5-6 りそな九段ビル 5F
　　　　（編集室）東京都東久留米市中央町 3-22-55
　　　　　　　　　TEL.03-6869-3426　FAX.042-479-4975

印刷・製本　シナノ書籍印刷株式会社
©Hiroaki Kuroki,2019 Printed in Japan

落丁・乱丁本はお取り替えします。
本の一部または全部を無断で複写・複製することは禁じられています。
ISBN 978-4-9906640-7-7　C0095